教師に正しい評価を

有効性と改善のためにほんとうに必要なこと

リンダ・ダーリング‐ハモンド 著
無藤隆 監訳／松井愛奈・野澤祥子 訳

新曜社

GETTING TEACHER EVALUATION RIGHT
What Really Matters for Effectiveness and Improvement
by Linda Darling-Hammond

まえがき

私は本書を、教師、校長、教育長、教育委員会メンバー、州政府関係者など、全米に巻き起こっている教師評価に関するさまざまな考えを整理しようとしている人々からの要望に応えて書きました。「トップへの競争（Race to the Top）」助成金の要件や「どの子も置き去りにしない法（No Child Left Behind Act）」からの連邦政府の責務遂行免除要件に後押しされて、全米の州や地区がめまぐるしいスピードで政策を変更していますが、多くの場合、実践のための研究基盤を検討する機会はほとんどありません。その多くは、質の高い実践、教師の学習、生徒の成功を支える生産的で管理可能なシステムを構築しながら、こうした新しい責務に対応しようとしています。

これは容易なことではありません。この領域には多くの地雷があり、意思決定者に調査の証拠と実際的な実例の両方を提供できる情報はほとんどありません。本書は、この必要に応えるために書かれました。州や地域の政策立案者や実務家が、教室や学校の継続的な改善を支援する方法で教師を評価するための首尾一貫したシステムをイメージし、作成するのに役立つことを目的としています。

私は本書で教師評価を、この専門職を通して優れた授業を支える首尾一貫した根拠のある一連のシステムを生み出す、教育・学習システムの一部として考えるべきことを論じます。生徒の学習に対する明確な基準、質の高いカリキュラム教材と評価に加え、このシステムには次の五つの重要な要素が含まれるべきです。

1　生徒の有意義な学習に関連し、この専門職全体で共有される、全州共通の教授基準。
2　これらの基準に基づき、教師養成、免許取得、上級資格認定など、州の機能を導く成果ベースの評価。
3　教育実践と生徒の学習に関する複数の尺度に基づいて現場での授業を評価するための、同一基準に沿った地域の評価制度。
4　教師と教育の質の向上を支援する、連携した専門的学習の機会。
5　適切な訓練を受けた評価者、さらなる支援を必要とする教師への指導、人事措置に関する公正で時宜を得た決定を保証する支援体制。

本書は、効果的な教授と学習を支援するシステムの中で、これら五つの要素がそれぞれどのように機能すべきかを、研究や現場の最善の実践からの証拠に基づいて具体的に説明する構成となっています。このアプローチについて述べた最初の章に続いて、第2章では、包括的なシステムの最初の足がかりとなる、教育の基準と整合した学習の基準の問題を取り上げます。これらの教育の基準が、キャリア全体を通してどのように評価の指針となるべきかを述べています。

第3章では、これらの基準に基づいて、準備から免許取得、導入、上級資格取得に至るまで、指導を評価するためのパフォーマンス評価の一貫したシステムを構築するために、各州がどのようなことができるかを述べます。第4章では、同じ基準に基づいて評価と継続的な能力開発を支援し、教師としてのキャリアを通じた成長を可能にするような補完的な地域評価システムを、地元の地区がどのように構築できるかを示します。実践、生徒の学習、専門家としての貢献の証拠を組み込んだ、基準に基づくシステムを構築するための多くの生産的な方法のうちのいくつかについて説明します。

しかし、不適切な方法で生徒の達成度を教師評価に結びつけようとする努力の潜在的な落とし穴も見出されています。第5章では、教育、学習、評価を結びつけるためのより有用な戦略とともに、これらについて述べます。生徒の学習は教育の主要な目標であるため、教師の能力を判断する際にそれを考慮に入れるべきであることは、一見明らかなことに見えます。しかし、その方法はそれほど単純ではありません。この章で述べるように、現在注目されている、付加価値法を用いて生徒のテスト得点の上昇を計算し、個々の教師に関係づけるという方略は、多くの研究者が期待し、ほとんどの政策立案者が想定していたよりも、はるかに信頼性が低く、正確でないことが判明しています。教師が生徒と共に何を達成したかを公正に評価するためには、生徒の学習に関する複数の証拠を利用する他の方略が不可欠です。これをうまく行う方法を見出した学校や地区の取り組みを、いくつか詳述しました。

生産的な方略の決定的に重要な特徴の一つは、教師が生徒の学習に関する証拠を収集し、検討し、解釈し、指導を振り返り、指導計画を立て、改善に役立てることです。同様に重要なことは、教師が生徒の学習の証拠に対応するための知識とスキルを、より効果的な方法で身につけるための、継続的な専門的学習の機会とインセンティブです。この問題については第6章で述べます。提示した例が示すように、学校が授業と学習のためのより良い条件を整えることを学べば、個人的・集団的な教育実践は改善されうるのです。

どのように授業を評価するかについて良い考えを持つだけでは、良い評価システムを持つには不十分です。教師評価改革の重大な欠点の1つは、健全な評価システムの構造的要素を発展させることなく、しばしば教師を観察するための手段を設計することに焦点を当ててきたことです。第7章では、訓練され熟練した評価者、支援を必要とする教師へのサポート、健全な人事決定を可能にする管理構造、システムを維持するためのリソースなど、これらの要素について述べます。

最後に、システムは管理可能で実現可能なように設計されるべきであり、要件や事務処理で参加者を圧倒するような複雑なものであってはなりません。第8章では、教育者が教育の改善に生産的に集中できるよう、必要な制度と支援によってこれを達成する方法について述べます。本書が、教育界のすべての人々にとって、教師評価の最も重要な目標である、各教室、そしてシステム全体にわたってより応答的で有効な授業を実現する、教師評価の設計に役立つことを願っています。

リンダ・ダーリング＝ハモンド
スタンフォード大学 ２０１3年3月19日

謝辞

どのような重要な仕事にも、常に感謝すべき多くの人々がいるものですが、本書も例外ではありません。しかし、本書の作成に協力してくれた人々に感謝する前に、まず、世界のどの国のどの職種の誰よりも懸命に働き、多くのことを成し遂げている米国の公立学校の教師に感謝の意を表したいと思います。本書は、あなた方の努力を支援し、あなた方があらゆる方法で努力し、生徒一人ひとりに手を差し伸べる能力を強化するために書かれました。

特に、この研究のためにインタビュー、観察、背景調査を行ってくれたチャンナ・メイ・クックと、特定のプログラム・モデルに関する背景調査を行ってくれたアン・ジャキスとマドレーン・ハミルトンには、専門家として協力していただき感謝しています。原稿をまとめ、種々の許可を得るプロセスを手際よくサポートしてくれたソーニャ・ケラーに感謝します。

本書の最初のきっかけとなったのは、優れた公教育を推進するために米国教職員連盟から寄附を受けた非営利の超党派組織であるアルバート・シャンカー研究所が支援する、「グッド・スクールズ・セミナー・シリーズ」です。グッド・スクール・セミナーは、組合指導者、地区教育長、研究者のネットワークを構築し、教育に焦点を当てて公教育の改善に協働する取り組みです。

この議論には、多くの造詣の深い教育者が貢献しています。バーバラ・バード・ベネット（現シカゴ公立学校最高教育責任者）、ラリー・カーター・Jr（ニューオーリンズ教員組合委員長）、レオ・キャシイ（当時、普通科高校教員連盟副委員長）、トム・フォクスナー（アンダーソン教員連盟委員長）、ダル・ローレンス（トレド教員連盟元委員長）、フランシーヌ・ローレンス（アメリカ教師連盟上級副委員長）、ダニケル・J・モンゴメリー（イリノイ教師連盟委員長・COO）、ジョディ・パピーニ（ダグラス郡教師連盟）、マリー・キャサリン・リッカー（セントポウル教師連盟委員長）、マリー・ロナン（シンシナティ公立学校最高責任者）、ネイサン・サンダース（ワシントン教員組合委員長）、ジュリー・セラーズ（シンシナティ教員連盟）、ロッド・シャーマン（プラッツバーグ教員組合委員長）、ブレンダ・スミス（ダグラス郡教員連盟委員長）、ゼルダ・スミス（ニューオーリンズ公立学校）。また、シャンカー研究所のエグゼクティブ・ディレクターであるユージニア・ケンブルと、アメリカ教員連盟のコンサルタントであるジョーン・バラッツ・スノーデンも、本書に有益なコメントを寄せてくれました。

シニア政策アナリストのアドリアン・ドリントンと、グレート・パブリック・スクール・センター所長のビル・ラーベは、生産的な評価を実践している地区を特定する私の努力を支援してくれました。また、スタンフォード大学のナショナル・ボード・リソースセンターのプロジェクトであるカリフォルニア熟達教師（Accomplished California Teachers：ACT）ネットワークとの協働からも学びました。ACTは、教師評価を含む教職に関する重要な政策課題について審議し、助言するために、専門家の教師からなる素晴らしいグループを招集しています。ACTの報告書『すべての教室に質の高い教師を（A Quality Teacher in Every Classroom）』は、私の思考と本書に影響を与えました。ACTのディレクターであるサンディ・ディーンと副ディレクターであるデビッド・コーエン、そしてACTのメンバーである有能な教師たちは、カリフォルニア州の教育、学習、そして子どもたちのためにたゆまぬ努力を続けてくれました。特別な感謝を捧げます。さらに、教育の質センター（Center for Teaching Quality）のバーネット・ベリー所長、全米小学校校長協会のゲイル・コネリー専務理事、アメリカ学校管理者協会のダン・ドメネク専務理事、全米教育協会の財務理事レベッカ・プリングル、全米教育委員会協会（NASBE）のジム・コールムース事務局長、NASBEスタッフのリズ・ロス、パティ・ユー、教育人材戦略イニシアチブ・ディレクターのジャニス・ポダ、InTASCプログラムディレクターのキャスリーン・パリオカス、教員組合改革ネットワーク・ディレクターのアダム・アーバンスキー、全米教員教育認定評議会名誉会長のアーサー・ワイズ各氏の有益なフィードバックと助言に感謝します。

本研究は、フォード財団とサンドラー財団による、スタンフォード教育機会政策センター（SCOPE）への助成金を通じて支援されました。この研究に対する彼らの投資に感謝します。

目次

装幀＝新曜社デザイン室

第1章 系統的に考える

私の教室に入って正規の観察を一度もしなかったり、最初の計画／目標シート以外には何も求めない管理職がいました。公式の授業を観察しますが、そのフィードバックシートを私のメールボックスに入れるだけで、授業については何も会話しない管理職もいました。そして何年もの間、私は、観察を受けることなく、ただ年度末の評価シートに署名するように求められてきたのです。

——ジェーン・ファン、全米教職専門職基準委員会認定資格教師、ミルケン賞受賞者[1]、カリフォルニア州

教師評価において、アメリカは重要な時期を迎えています。国中のほぼすべての州や地区で、評価プロセスが広範囲に変更されつつあり、その変更のいくつかはきわめて革新的なものです。州や地区がこうした改革に乗り出すにあたって、学校や教師、そして特に生徒にとって重要なことは、教育に損害を与えうる潜在的な危険を回避しながら、教育の質の向上を目指して実践を進めていくことです。古い問題を新しい問題に置き換えることなく、この転換期を利用して教師の評価を正しいものにすることが、何としても必要です。

アメリカの教師評価を徹底的に見直す必要があることについては、ほぼすべての人が同意するでしょう。既存のシステムは、教師が成長する助けにほとんどなっていないばかりか、成功している教師と悪戦苦闘している教師を明確に区別する役にも立っていません。用いられている評価ツールは、必ずしもよい教育の重要な特質を代表していないのです。特に大規模な学校では、校長が、管理しているすべての教師を評価するのに十分な時間や満足な内容知識を持つことはほぼ不可能です。集中的な指導援助を必要とする教師に対応するのは、さらに困難です。多くの校長は、熟達した教育の指導者や教育の評価者になるのに必要な専門性を発達させたり、そのための支援を受けたりすることができていません。このように、現在のかたちの評価は、教師の学習にも、人事決定のための正確で時宜を得た情報の提供にも、ほとんど貢献していないのです。

　こうした問題には長い歴史があります。私と同僚が１９８０年代はじめにアメリカの教師評価システムを初めて研究したときには、すでにこの問題が明らかでした[2]。ランド研究所の研究の一環として、アーサー・ワイズ、ミルブレイ・マクラフリン、ハリエット・バーンスタインと私は、効果的な評価システムについて調査しました。そして、そのプロセスは、諺に言う「干し草の中の針」を捜すような難しいものであることに気づいたのでした。教師が目標を設定し、定期的に有用なフィードバックを受ける機会を提供するシステムは、ほんのわずかしか見いだせませんでした。学習と、時宜を得た効果的な人事決定の両方を支援しうるシステムも、ほとんどありませんでした。

　明るい材料もいくつかありました。そのころ始まったばかりだった「トレド同僚間援助・点検(Toledo Peer Assessment and Review)」モデルは、労使の現状を打破するもので、新任教師と悪戦苦闘しているベテラン教師の両方に対する集中的な指導と同僚間の評価を導入し、在職権や雇用継続に関するきちんとした決定を保証するものでした。同様に特筆すべきものとして、コネティカット州グリニッジの、教師の目標設定と継続的フィードバックのモデルが挙げられます。これは、教師に自分の実践や生徒の学習に関する資料を集めさせるもので、こうしたことが他の地区でも流行るずっと前から行われていました。これらの成功モデルのいくつかの活用が広まったものの、教師評価の大部分はほとんど変化していません。そして、不十分なシステムがもたらす結果への苛立ちが増大しています。

今日、教師評価はかつてないほどの注目を浴びています。その大きな理由は、新しい教師評価システムを導入することが、州や地区が連邦政府の「トップへの競争（Race to the Top）」計画の下で資金を得たり、「どの子も置き去りにしない法（No Child Left Behind Act）」の責務遂行免除の要件になっていることにあります。教育が政策上の主要な関心事になるのに伴い、現在、教師評価が教育を改善するための主要な道具として推進されています。政府の要件には、教師の評定を単に「要件を満たす」「要件を満たさない」とするのではなく、有効性を査定するために、多角的な観察やフィードバックに基づく複数のカテゴリーや、生徒のテスト得点を用いることが含まれています。また、政府は、こうした評価を、在職権や雇用継続、給与、昇進、上級教師認定、解雇を決定するための情報として用いることを推奨しています。その結果として、わが国の多くの州が、教師と管理職のための評価システムを劇的に変革するプロセスの只中にいるのです。

アメリカの教師評価に真剣に関心を払う必要があることは、広く合意が得られています。しかし、教育現場での評価を変更することそのものが教育の質を転換するのではないことを認識することが重要です。能力の低い教師を特定し、排除することに注目するばかりで、よく準備ができていて、生涯にわたって学び続けることに努めるよい教師を育むことをしなければ、教職の質を改善することはできません。そして、教師の継続的学習は、強力な専門性発達のシステムと、専門性を拡大する助けとなる効果的なキャリア発達のアプローチを構築することによって可能になります。最後に、個々の教師のスキルを改善するだけでは不十分でしょう。教師や生徒の学習を支援する環境において、教師が協働して働くことを可能にする、生産的で同僚と共に働く環境を創造し、それを維持する必要があります。

要するに、私たちがアメリカで本当に必要なのは、個々の教師と教職全体の両方の継続的成長を支援する教授・学習システムの一貫として、教師評価を捉えることです。そうしたシステムは、教師の学習とスキルを高めると共に、教職を継続する教師や在職権を持つ教師が、キャリアを通じて生徒の学習を効果的に援助できるよう保証するのです。

本書は、このような教育の発達、支援、査定のための包括的システムが、現時点でこの分野で見いだされている研究や最良の実践に基づくならばどのように機能するかについて、その概要を説明しようとするものです。管理の難しいシステムを開発したり、教師の有効性を測定する信頼性の低いツールを使用したり、あるいは、教師間の協働ではなく孤立や競争を強調することで、教師評価の改革がいかに失敗しうるかについても述べます。最後に、生徒の学習を促進するためにあるべき同僚的な活動として教育を支えるために、いかにそのための背景が展開すべきかについて考察します。

現在の教師評価に関するあらゆる教訓の中で、教師をランクづけし、分類する個人的、競争的なアプローチを採用しない、ということが最も重要です。こうしたアプローチは、学びの共同体の発展を阻害します。学びの共同体が発展することにより、最終的には、いくつもの非常に精緻なランクづけ法がこれまで可能にしてきた以上に、生徒の達成を支援するようになるでしょう。

> 学びの共同体が発展することにより、いくつもの非常に精緻なランクづけ法がこれまで可能にしてきた以上に、生徒の達成を支援するようになるだろう。

しかし、こうしたより生産的なシステムを構築できるためには、その前に、現在の学校がどのような点で、なぜ苦しんでいるのかを理解する必要があります。問題の原因を理解することが、正しい解決法を見つけるための鍵となります。

現在の評価システムの問題点

教師評価に関する最近の報告において、[3] 熟達教師のグループ――「カリフォルニア熟達教師（Accomplished California Teachers: ＡＣＴ）」ネットワーク――は、彼らが経験した地区の評価方法の多くが持つ問題点を指摘しています。

- よい実践に関する一貫した、明確な基準が欠如している

教育実践の指針となることを企図した基準書は、多くの場合、効果的な教育に関する要素をリストアップしてはいますが、何がその証拠になっているかについて詳細に述べていません。そのため、教師の仕事に関する正確で、公正で、信頼性の高い査定や、改善方法についての明確さが損なわれています。

• 実践を改善することに焦点が当てられていない

教師のパフォーマンスの質を改善する方法についての議論は、あったとしても、しばしば事後の話し合いから外されてしまいます。

• 効果的な評価のための時間と職員が不十分

多くの学校、特に大規模校や、多くの支援を必要とする集団を対象としていてリソースが不足している学校では、校長に評価のための時間や訓練の機会がほとんどありません。教師支援のための時間や訓練はさらに不足しています。

• 生徒の成績を考慮することがほとんどないか、まったくない

ほとんどの評価は、教師が担当する生徒の成績にほとんど、あるいはまったく注意を払っていません。そのため、生徒の学習をどのように支援するかについてのアドバイスはほとんど提供されません。ACT所属の教師は次のように述べています。「クラスがよく管理され、授業に集中しているように見える限り、他のことはほとんど考慮されていません。」

• 教師のニーズを考慮しない、型にはまった方法である

評価方法は概して、教師のニーズによってではなく、勤務年数や契約の規則によって決まっています（新人に対しては回数が多い）。どの教師が、どれくらいの頻度で、どのような形式で、誰に評価されることによって恩恵を得るのかについては、ほとんど考慮されていません。

- **専門性の発達と評価が分離している**

教師が固有の学習ニーズに取り組み、専門性を発達させるための助けとして、評価が用いられることはほとんどありません。

このように感じている教師は一部ではありません。全米1010人の教師に対する調査では、以下の結果が見いだされています。

> 教師たちは、教師の質を査定するのに最もわかりやすい方法――正規の観察と評価――は、その役割を果たしていないと述べている。実際、最近の公式の評価が「有用かつ効果的」だったと報告している教師は、わずか26パーセントである。41パーセントという多数の教師が、それは「ただの形式的なもの」だと報告し、32パーセントが、それが自身の教育実践にとってせいぜい「意図は適切だが特に有用ではない」と答えている。10人のうち7人の教師（69パーセント）が、自校の教師のひとりが在職権を与えられたと聞いても、「ただの形式的なものであり、よい教師であるかないかとはほとんど関係がない」と思うと答えている。[4]

今挙げた問題に加えて、教師を評価するための基準や方法は、学校や地区によって非常に異なっています。また、こうした評価は、教師がキャリアの節目——雇用前の教師教育を完了したとき、初めて免許を得たとき、在職権や長期の教職免許を得たとき——に評価される方法とは関係がないことが多いのです。結果として、キャリアの過程で、多くの教師は——何を教えることが期待されるのか、どのようにそうすることが期待されているのかの両方において——さまざまな基準と指示の不協和音に直面します。要するに、多くの州が、教育を評価し改善するための一貫したシステムを持っていません。そのため、私たちが直面する教育実践の問題に対して、効果的な解決法を見つけるのを困難にしています。ACTの報告では、以下のように述べられています。

養成、初任者研修、継続的評価、専門性の発達に対する既存の方針間のつながりは弱いか、あるいは存在しない。その結果はプログラムの寄せ集めであり、教師発達のすべてのレベルにおいて教育の質を保証し、促進するシステムを作りだすという目的を達成することはない。[5]

私と同僚が行った30年近く前の研究において見いだし、私自身が何年か前に高校教師として経験したことでもあるのですが、多くの教師は、評価システムからより多くのものを得たいと考えています。有用なフィードバック、自分を成長させてくれる挑戦や助言を切望しているのです。教師たちは、決して評価の問題を避けてはいません。有用で、公正で、生産的な発達に向けられた、確固としたシステムを求めているのです。ACTの教師は次のように述べています。

「自分はうまくやれているか」「よりよくなるためには何をすればよいか」という教師の重要な問いに対して最大の配慮がなされるという、私たちの職業に夢見てきた約束が、若い同僚たちの将来に叶えられないのではないかと心配です。私たちが求めている評価は、こうした問いに答え、よい教育とは何かを詳細に描き出し、専門性の発達を導く役割を果たすものです。そして、継続的な成長への期待を持つことのできるような、教師のキャリアを通じて明確で、一貫した道筋を設計するものです。[6]

教育の向上についてどのように考えるべきか

教師評価改革の提案者の中には、生徒の付加価値テスト得点〔訳注：生徒の得点が前回からどれだけ増えたか〕による測定で下位5～10パーセントの教師を毎年除外すれば、アメリカの生徒の成績は実質的にフィンランドのような高い成績を収めている国々に追いつくのに十分な程度に向上するだろうと憶測する人たちがいます。[7] しかし、この考えを支持する現実世界での証拠はなく、これに対立する証拠がかなり存在します（この証拠については、後の章で議論します）。

実際、好成績を得ているフィンランドは、こうした人たちの提案を実行してはいません。フィンランドは、教師を解雇することに焦点を当てるのではなく、世界的に最も強力な初期教師教育のシステムの一つを持っています。そして指導者たちは、そのシステムが生徒の学習における全国的な向上を生み出したと認めています[8]（囲み「フィンランドは、どのように効果的な教師を養成しているか」参照）。

フィンランドでは、公式的な現職評価にはあまり力点を置かず、生徒の学習を促進するための専門家同士の協働を強調しています。実のところ、私たちはフィンランドと同じやり方で進むことはできません。もし、フィンランドが近年達成した高い公平な成果に到達したいなら、教師の共同的学習を支援することによって生徒の学習がより高まるように、私たちのやり方を教育しなければなりません。

現在、現職評価に焦点が当てられていますが、高いスキルを伴う教育力は、採用から養成、継続的な専門性の教育を通じて、よく準備された教師を育成することから生まれます。教師の学習と評価への支援は、教師のキャリアのすべての段階において有効性を促進する、統一された全体の一部である必要があります。そうしたシステムは、教師評価が、養成と初任者研修のプログラムや、日常的な専門的実践、生産的な教育の文脈と分断されることなく、つながっていることを保証するものでなければなりません。

> システムは、教師評価が、養成と初任者研修のプログラムや、日常的な専門的実践、生産的な教育の文脈と分断されることなく、つながっていることを保証するものではなければならない。

こうしたシステムの要は、専門的教育の基準です。これは生徒の学習の基準や、カリキュラム、査定とも関連しています。それゆえに、教師が教室で何をするか、教師がどのように養成され、査定されるかということの間に連続した関係性が生まれます。生産的な評価システムは、カリキュラムの目標と生徒のニーズに照らして教師の実践を検討するだけでなく、生徒の学習と学校全体への教師の貢献に関する、多面的な証拠を考慮するべきです。また、よい評価が可能となる構造を作る必要があります。すなわち、評価者のための時間と訓練、必要とされる専門性と支援を提供する指導教師あるいはメンター教師の支援、キャリアのあらゆる段階にいるすべての教師に対して有効性を支援する、質の高い学習機会の利用可能性です。

教えることに関する学習が累積的で一貫した経験になるためには、以下のような多様な目的に取り組む包括的システムを導く、共通の枠組みが必要です。

- 初期教員免許と、その継続
- 採用と初任者研修
- 在職権の認可
- 管理と専門的学習の支援
- 付加的支援の必要な教師の特定
- 非公式的に、また、メンター、コーチ、指導者として同僚の学習に貢献できる、熟達教師の認定

> こうしたシステムは、フィードバックや支援によっても向上しない教師を、公平かつ適切な時期に免職することを許容するものでなければならない。

こうしたシステムは、フィードバックや支援によっても向上しない教師を、公平かつ適切な時期に免職することを許容するものでなければなりません。また、給与についての決定を裏付けることを求められるでしょう。政策立案者たちは、給与と教師の有効性に関する判断を結びつけるこ

とに、ますます関心を示すようになっているためです。賃金を差別化したり、そうした判断をより熟達した教師に対する特殊な責任や昇給につなげたりするのです。第6章で議論するように、教育と学習を全体として向上させる見込みが最も高いのは、競争と孤立を促すアプローチではなく、発達と、さらなる専門知識の共有を支援するアプローチです。

フィンランドは、どのように効果的な教師を養成しているか

フィンランドが学校改善の例として頻繁に引用されてきたのは、ソビエト連邦の陰から出てから急速に国際ランキングのトップに上り詰めたからです。大きな不平等を生み出した膨れ上がった官僚制度の下で、一度は教育面で下層にランクづけされましたが、今やPISA（OECD（経済協力開発機構）生徒の学習到達度調査）の数学、科学、読解のテストにおいてOECDの国々のトップにランクされています。さらに、北アフリカ、中東、東欧からの移民の生徒が増加しているにもかかわらず、生徒の成績の平等性が高いのです。

フィンランド当局は、こうした前進は1970年代に始まった教師教育改革によると認めています。教師教育が5年間の大学ベースの課程になったのです。1990年代には、再度、教師養成の改革が行われ、研究ベースの修士課程において、問題解決、批判的思考といった高次スキルを多様な学習者に教えることに、より焦点が当てられるようになりました。

有望な教師が大学卒業生の中から競争的に選ばれ――応募者の中から15パーセントのみが認められます――授業料の全額免除と生活費の給付を受けながら、2〜3年の大学院レベルの教師養成課程を受けます。給与が高くない専門職に対して借金をして準備しなければならないアメリカとは違い、フィンランドはトップの志願者を採用して学校へ行くための資金を提供します。選考は学力、教育に対する関与と素質の証拠、教育研究を読み、理解し、解釈する能力に基づいて行われます（研究論文についての質問に答えることが、入学許可プロセスの一部になっています）。教職のポストは希望が多く、教師不足は実質上聞かれません。

教師養成は、教授法に関する集中的なコースワーク――研究に基づく最新の実践を活用することに強く力点が置かれています――と、大学と連携するモデル校における1年間の実践経験の両方を含みます。こうしたモデル校は、革新的な実践を開発し、モデルになることと、学習と教育に関する研究を発展させることを目的としています。教師たちは「教育システムにおける問題解決能力の向上に貢献する[9]」ことができるよう、研究法についても訓練されます。また、各候補者は、卒業のための修士論文の基盤となる、教育実践の問題に関する研究を行います。

訓練学校において、実習生は、フィンランドの学校に共通した特徴である問題解決グループに参加します。問題解決グループは、計画、行動、振り返り／評価のサイクルにかかわります。これは、実際に教師が生徒に促していくことのモデルとなります。生徒は、学習において同様の探究にかかわることが期待されます。実に、システム全体が、教室、学校、地方、国のレベルで、継続的な振り返り、評価、問題解決を通して向上することを目指しているのです。

教師たちは、挑戦的なカリキュラムを作り上げる方法や、生徒を調査や探究へと従事させるパフォーマンス評価を開発する方法を学びます。教師トレーニングでは、特別なニーズを持つ生徒を含む、さまざまなやり方で学ぶ生徒の教え方を学習することが強調されています。学習、よく考えられた査定、カリキュラム開発について理解するだけでなく、「多様な文化性」と学習困難の予防が強調されています[10]。平等主義のフィンランド人は、苦しんでいる生徒を助けることを教師が学べば、その教師はすべての生徒をより効果的に教えることができるようになり、落ちこぼれをなくすことができるだろうと考えたのです。

現在、多くの教師が、内容領域と教育の両方の修士号を持っています。多様な学習者――特別なニーズを持つ生徒を含む――を教えて深い理解を促したり、形成的なパフォーマンス評価を定期的に活用して、教育が生徒のニーズに合うように自らの教育に関する情報を得たりする準備がよくなされています。教師たちは研究法と教育実践の両方においてよく訓練されています。結果的に、彼らは洗練された診断者であり、教科の要請と生徒のニーズの両方を満たす、国全体のカリキュラムの教授法を協働してデザインするのです[11]。

「教師」の質と「教育」の質を理解する

システムを構築するにあたって、個々の実践者の側のスキルを育てるだけでなく、実践者がスキルを適切に活用できる条件を作りだすことも重要です。この重要性は、医学を考えるとわかりやすいでしょう。医学では、医師の免許授与と、多くの医師が実践を行う場所である病院の認証評価ルールを通じて、専門的スキルと専門的文脈の両方が比較的よく発展しています。

小児科医が心臓病の手術を担当したり、眼科医が脊髄損傷の治療を要請されたりするとしたら、専門領域における集中的な研修は医師の準備教育にあまり役立たないでしょう。専門外の担当が許されるとすれば（教育においては、あまりに頻繁に起ることですが）、個々の医師が専門分野で高いスキルを持っていたとしても、医学的ケアの質は落ちてしまいます。同様に、心臓専門医が、最新のテクノロジーや医療リソースを活用できれば、心臓モニターや手術用具、除細動器や医薬品を利用できない医師よりも明らかに効果的です。ケアの質は、医師のスキルと、彼らが使用することのできるリソースとの両方によって決定されるのです。

同様に、質の高い教育を保証したいなら、教師の質と教育の質の両方に目を向けることが重要です。教師の質に関しては、個人の資質、スキル、教育の理解などの束として考えられるかもしれません。そこには、あるしかたで行動する資質も含まれます。教師の評価と生徒の成績に基づく教師の有効性に関する研究では、以下のような質が重要であることが見いだされています。

- 教えることに関連した強力な内容的知識。
- その領域においてどのように教えるかに関する知識（内容の指導法）と、生産的な教育実践を行うスキル。
- 学習者とその発達の理解。学習の相違や困難を持つ生徒の支援方法や、言語的な指示に熟達していない生徒に対する言語と内容の学習の支援方法を含む。
- 考えを整理し説明する一般的能力、診断的に観察し思考する能力。
- 生徒のニーズに応え、与えられた文脈で何が機能するかに関する判断を可能にする適応的な専門性。[12]

多くの教育者、保護者、政策立案者が、以下に挙げる素質も重要なものとして含めるでしょう。たとえば、進んで以下のようなことをすることです。

- すべての生徒の学習を支援する。
- 公正で偏見のないしかたで教える。
- 生徒の成功を助けるよう指導を調整する。
- 学習と向上の継続のために努力する。

・個々の生徒と学校全体のために、他の専門家や保護者と協働する。

こうした質は、教育に関する研究によって示され、熟達した教育を定義するための全米教職専門職基準委員会によって採用された基準に盛り込まれています。そして、初任教師レベルでは、州間新任教師査定・援助連合（Interstate New Teacher Assessment and Support Consortium：INTASC）に加入している州により採用された基準の中に盛り込まれています。これらは学校担当局長評議会（Council of Chief State School Officers：CCSSO）の支援の下に機能しています。こうした州の委員会は、初任教師のための基準を開発する際に指導的役割を果たしてきました。その基準では、発達、学習、カリキュラム、教育に関する研究に基づいて、教育に関する共通の知識ベースを定義していま す。第2章で述べるように、これらの基準に照らして教師の準備教育を行うことは、教師の質を高めるのに貢献するでしょう。

教師の質とは異なり、**教育の質**とは、幅広い生徒たちが学習するのを可能にするような、強力な指導を意味します。このような指導は、科目の要求や、指導の目標、特定の文脈における生徒のニーズを満たすものです。教育の質は、ある程度は、教師の知識、スキル、資質といった教師の質によるものですが、指導の文脈にも強く影響されます。こうした文脈には、教師が知っていることやできること以外の要因も含まれます。

文脈を考える際に鍵となるのは、教師の仕事を支援するカリキュラムと査定のシステム、教師の資格と教えることを求められる内容との間の「適合」、そして教育の条件です。すばらしい教師でも、欠陥のあるカリキュラムを教えることを求められたり、適切な教材が不足していたりする状況では、質の高い指導をすることはできないかもしれません。同様に、よく準備が整った教師であっても、自分の準備した分野外のことを教えるように求められたり、劣悪な教育条件の下では、たとえば、十分な教材がなかったり、教育空間が基準を満たしていなかったり、時間が短すぎたり、クラスの人数が多すぎたりするようなところでは、うまく行動できないかもしれません。反対に、スキルの伴わない教師でも、優れた教材や、授業計画について同僚から強力な支援を得たり、たとえば読みの学習に特別な支援が必要な生徒に対する専門家が加わったりすることによって、引き上げられるかもしれません。

教師たちがどの程度異なる教育条件を経験しているか、そして生徒たちが異なる学習条件を経験しているかが、多くの州で提出された学校資金に関する訴訟の中で明らかになってきました。こうした訴訟には、豊かな学校と貧しい学校との差が生々しい言葉で記述されています。たとえば、「カリフォルニア・ウィリアムズ訴訟」では、低所得コミュニティの教師や保護者、そして生徒が、生徒の数が多すぎる学校について、以下のように述べています。毎日、そして年間を通しても、複数のシフトで運営していかざるを得ません。異なる生徒の集団が数か月交代で学校に来ます。教室には40人を超える生徒がおり、生徒1人に一つ行き渡るだけの十分な机、椅子、教科書がありません。カリキュラムの教材、科学器具、コンピューター、図書が不足しています。雨漏りする天井、落ちてくる天井のタイル、時には、ネズミに出くわし、暖房や冷房もないなど、ぼろぼろの施設。無理もないことですが、条件の悪い学校では、教師の離職率も高く、生徒の学習を支援するための一貫したカリキュラムや、共通の実践を発展させることは困難です[13]。

こうした条件は、どんな教師の有効性も低下させえます。あるカリフォルニアの教師は、高い離職率の学校について次のように述べています。

「ホーソン校」は、働くのが困難な場所でした。とても大きな学校でした。複数路線の年間スケジュール（数か月ごとに教室を片付けて、教室と生徒から離れ、1か月かそこら後に教室に戻ることを教師に求める）は、教師にとってとても厳しいものでした。施設の条件は劣悪で、教えるのに不快な場所でした。教師は［教室から教室へと］うろうろしなければならず・・・教育プロセスや、学習プロセス、専門性発達のプロセスにとって有害であると感じて、そうした環境で働き続けたくなっていました[14]。

教師が同等のスキルを持っていたとしても、生徒が経験する教育の質が格段に高いのは、「生徒が不十分な教材と貧しいカリキュラム、大人数のクラスで、教育支援を受けずに過密で安全でない環境で学ばなければならないとき」と比べて、「質の高く十分な本や教材やコンピューターがあり、教師たちが共に作り上げた、理路整然としてわかりやすくよくデザインされたカリキュラムがあり、明るく、適切に温度調節がなされ、設備が十分な教室があり、クラスは少人数で、指導の専門家がいる学校」であることは、ほとんど疑いがありません[15]。

劣悪な条件は、どんな教師の有効性も低下させうる。

高い教師の質は、効果的な教育の確率を高めるかもしれませんが、それを保証するものではありません。教育の質と有効性を発展させるための取り組みにおいて考慮すべきことは、教師のスキルと能力をいかにして特定し、報酬を与え、活用するかということだけではありません。よい実践を可能にするような教育の文脈を発展させることにも、配慮しなければなりません。教育が効果的なものになるためには、個々の教師の質と共に、学習環境と教育の文脈を構築する政策に取り組まなければなりません。

> 教育が効果的なものになるためには、個々の教師の質と共に、学習環境と教育の文脈を構築する政策に取り組まなければならない。

教育を評価し支援するための、体系的アプローチ

教師の有効性を培い維持するためには、より体系的アプローチが必要だということは明らかです。一部の政界から教師の評価だけをひたすらに強調する声もありますが、より包括的なアプローチの重要性は認められつつあります。たとえば『ギアを上げる――教師の有効性を高めるための体系的アプローチを作り上げる（*Gearing Up: Creating a System Approach to Teacher Effectiveness*）』において、全米州教育委員会連合（National Association of State Boards of Education：ＮＡＳＢＥ）の作業部会は近年、採用と養成に始まり、評価とキャリア発達へと続く、より連携のとれたシステムを開発すること

の重要性を強調しました[16]。

質の高い教師評価システムは、教育を発展させる、一貫して基礎がしっかりしたアプローチを創出するべきであり、教師やその代表者と州や地区の指導者によって共同的に作られるべきです。質の高い教材と査定を伴う、生徒の学習に対する明確な基準に加え、こうしたシステムは以下の五つの要素を含む必要があります。

1　教育に関する州全体の基準。有意義な生徒の学習と結びついていて、教職を通じて共有される。
2　上記の基準に基づくパフォーマンスベースの査定。教師の養成、免許授与、上級免許といった、国の職務の指針となる。
3　上記と同じ基準に合致する地方の評価システム。教師の実践と生徒の学習に関する複数の測定に基づいて、教育の職務上の評価をする。
4　支援の構造。適切に訓練された評価者、付加的な支援を必要とする教師に対する助言、人事の公正な決定を保証する。
5　整合的な専門性の学習機会。教師と教育の質の向上を支援する。

以下の章では、最善の実践に関する研究と知見に基づき、これらの五つの要素のそれぞれが、一つのシステム内でどのように作用して効果的な教育と学習を支援するのかについて検討していきます。

第2章 基準から始める

私にとって、［この］システム以前の評価は完全に意味のないものでした…評価のベースとなる基準がありませんでした。成長の感覚もありませんでした…CSTPs（カリフォルニア教職基準）はすばらしいものだったと思います。この基準を見れば…つまり、これらすべてのことができたとしたら、すばらしい教師になれるでしょう！　それは困難なことです。でも、もっと広い意味で、教えるとは何かということについて、より優れた感覚を与えてくれます。

——グレッグ・ジュリス、教師連合指導者、サン・メテオ、カリフォルニア州

『アリスの不思議な国』のチェシャ猫は「どこに行くのかわからないなら、どの道を通っても同じことさ」と言っています。これは教育についても言えることです。生徒が何を学ぶべきか、教育はいかに生徒を支援できるのかについて明確に理解していなければ、容易に目的なくさまようことになってしまいます。教育の目標と支持的な指導について共有化された展望を作り上げることが、効果的教育を支援しうるシステムの基盤となります。

この章では、包括的システムのための最初の足掛かりについて述べます。初めに、生徒の学習の基準から始めることの重要性について述べます。その基準とは、生徒が学ぶべきことや、できるようになるべきことは何かについての有意義な目標を表すものです。次に、こうした生徒の学習の基準を、教育の基準と整合させることの重要性について述べます。教育の基準は、就職前から初期免許授与、初任者研修、専門職免許授与、熟達した実践の認知に至るまでのキャリア全体を通じて、継続した教育の査定の指針となりうるものです。

生徒の学習の基準

多くの国では（あるいは、大きな国の州では）、生徒が学ぶべきトピックとスキルを明確に述べたカリキュラムについての共通の枠組みを採用しています。こうした枠組みは、生徒の査定だけでなく、指導計画や教師発達の指針として活用されています。アメリカの多くの州では、学習の基準とカリキュラムの枠組みが１９９０年代に開発されました。多くの場合、それは全国英語・数学教師協議会といった団体や、内容領域におけるその他の団体の成果に導かれていました。その枠組みは、教育的努力を組織化する助けとなる有用なものでした。しかし、多くの州で基準に関する書類は冗漫かつ詰め込みすぎとなり、広いが浅いといった特徴を持つカリキュラムになってしまいました。

「全米共通学力基準（Common Core State Standards: ＣＣＳＳ）」は近年、45以上の州で採用されており、教育目標に関する、より共通の展望を達成するための新たな試みです。全米共通学力基準は、英語と数学の全学年レベルの学習に対する「より少なく、より明確で、より高い」期待を提供しようとしています。これらの基準は、生徒が、スキルをらせん的に発達させながら漸進的なかたちでどのように学ぶのか、高校卒業までに大学や職業への準備ができるようにするために何を教えるべきかについて理解するための、指針を提供することを意図しています。生徒が、理解のために批判的に読んだり聞いたりする能力、根拠を示しながら明確かつ説得的に書いたり話したりする能力、数学的に計算したり伝えたり、数量的に判断したり、複雑な問題に対する解決法を計画したりする能力を確実に発達させることが、この基準の目的です。

共通学力基準は、すべての科目領域にわたる内容の教育を遂行するための、より統合されたアプローチも要請するでしょう。英語の基準は、英語のクラスだけでなく、歴史、科学、数学、芸術のクラスにおける、批判的に読むこと、書くこと、話すこと、聞くことのスキルの発達を含むよう書かれています。また、数学の基準は、科学、技術、工学といった分野において数学のスキルや概念を活用することを含むよう書かれています。これらの基準は、生徒が読み書きや計算のスキルを、カリキュラムを横断して、また生涯にわたって使用する方法を重視しています。

全米共通学力基準は、完璧なものではありません。最初の頃は、それらが達成しようとした縮減という目標は必ずしも達成されませんでした。知識やスキルが学年を超えていかに獲得されるかに関して学習の漸進的進展を仮定しましたが、相当の修正を要することになるかもしれません。また、特に低学年に対する発達的な適切性、また第二言語として英語を学ぶ生徒やその他の生徒の言語獲得についての知見に対する応答性に関しても、批判を受けています。

しかし、この基準は、高校卒業時に大学や就職への準備のために知っておくべきことやできるようになっておくべきことに関して、生産的な展望を提供しています。また、教育者が継時的にカリキュラムの計画を改善する際の有用な出発点となっています。フィンランド、日本、シンガポール、韓国のように国のカリキュラムを発展させてきた国々や、オーストラリアのビクトリア州、カナダのオンタリオ州、中国の上海のように、行政区のカリキュラムのデザインを示してきた大きな国の州や地区は、カリキュラムを、ニーズに対処し新たな課題に取り組むために継続的に改訂される、生きた文書だと見なしています。

共通学力基準を採用していない州は、州が開発した基準において同様の目標を達成しようとしています。州がこうした基準を実行しようとするのに伴い、スキルを支援し、よく教えられるよう、カリキュラムの枠組み、教材、査定についても見直さなければなりません。より高次の思考スキルや能力、より集中的な探究、複雑な問題解決、書くこと、議論すること、データを調査し発表すること、教室内におけるその他の形態のコミュニケーションをより重視し、また、こうしたスキルの適用を必要とする自由形式の査定に、より重点を置くことが求められるでしょう。

> 共通学力基準では、より高次の思考スキルや能力、探究、複雑な問題解決、書くこと、議論すること、データを調査し発表すること、教室内におけるその他の形態のコミュニケーションや、自由形式の査定が、一層求められるだろう。

査定の変化は、新たな「大学・キャリア準備」基準の実施に関する主要な側面であるでしょう。現在の州のテストは、大部分が多肢選択式で低次のスキルをテストするものです。複数の州においてテスト項目を分析したランド研究所の最近の研究によると、[1] 現在の州テストにおいて深い学習目標について測定しているのは、数学の項目の2パーセント、英語の項目の21パーセントのみでした。これらの深い目標とは、概念の適用、分析、統合、批判、証明、デザインの能力といった高次のスキルを含むものです。[2]

対照的に、最近成立した二つの州間連合（「よりよいバランスのとれた査定連合（Smarter Balanced Assessment Consortium: ＳＢＡＣ）」と、「共通学力基準の査定・研究のためのパートナーシップ（Partnership for Assessment and Research of the Common Core: ＰＡＲＣＣ）」）によって開発された新しい査定の仕様書では、すべての生徒のより深い学習スキルを査定することを計画しています。[3] 英語の課題において高次スキルへの重要視を倍加したり、数学においてそうしたスキルを査定する項目の数を10倍以上に増やそうとしているのです。査定はより自由な記述による項目を含み、現実世界の問題にスキルを適用したり、学んだことを説明したりすることを生徒に求めるものになるでしょう。ＳＢＡＣのパフォーマンス課題において、生徒は、たとえば原子力発電所を建設することの是非のようなトピックについてインターネットで調査することが求められます。証拠を収集して評価し、複雑な情報を説明したり、ある行動の道筋について議論したりする小論文を、根拠を明確にしながら書くことが要求されます。また、下すべき決定や、完成すべきデザインについての情報を提供する量的データを分析し、活用することも求められるでしょう。たとえば費用、距離、生徒の好みに基づいて遠足を計画したり、学校のアトリウムのためにプランターをデザインしたりするなどです。

教師や管理者が、こうした新しいカリキュラムと査定を発展させ実行しようとしたり、教育や学校組織を改革しようとしたりするなら、彼らにかなりの学習の必要があるのは明白です。

こうしたコア・カリキュラムを明確に打ち出している国や州は、通常、基準、カリキュラム支援、関連する査定をセットにして作りだしており、これが教師の発達と評価のための重要な文脈を提供します。教師の継続的な専門性の学習の主要な部分は、教室で使用する授業と査定の道具を、同僚と協働して開発するときに生じます。こうした協働的学習の機会は、日本の授業研究、フィンランドの実践に関するアクションリサーチ、シンガポールのラーニングサークルといった方略を使用することで、非常に分析的で集中的なものになりえます（囲み「日本の授業研究」参照）。こうした協働は、そこに参加するすべての教師の努力を啓発し、同時に、コア・カリキュラムのトピックをどのようによく教育し、それがよく学習されうるかについての期待を生み出します。

日本の授業研究

日本では、「研究授業」が、国のカリキュラムを教えるための盤石なアプローチの発展を助け、教師の学習文化の重要な一部となっています。すべての教師が、定期的に、他の同僚と協働しながら、ある目標（生徒が能動的な問題解決を行うようになる、互いから学ぶようになるなど）を達成するための方略を提示する、可能な限り最良の授業を準備します。教師の集団が授業を観察し、通常、多くの方法で授業を記録します。記録には、録画、録音、指導教師の関心領域に焦点を当てた記述式観察記録やチェックリスト式観察記録（たとえば、何人の生徒が自発的に考えを発表したか）などを含みます。授業後、教師集団は、時に外部の教育者と共に、授業の強みや弱みを議論したり、質問したり、授業を改善するための方法を提案したりします。場合によっては、わずか数日後にもうひとりの教師が修正した授業を行い、再度その授業の観察と議論が行われます。

教師自身がテーマや研究授業の頻度を決定します。大きな学習集団では、多くの場合4～6人の下位集団に分かれます。そうした下位集団がそれぞれ独自の授業を計画しますが、同じ目標に向かって作業を行います。すべての下位集団の教師が授業を共有してコメントし、できるだけ授業や事後の議論に参加します。典型的な授業研究では、10～15時間のグループ会議が3～4週にわたって行われます。学校は14：40から15：45の間に終了しますが、教師の勤務時間は17時までは終了しません。これが、同僚間の作業と計画のための時間を提供します。多くの授業研究の会議は、放課後の時間に行われます。

研究授業では、教師が個々の授業を改善し、他の教師に相談し、教室の実践の観察に基づく同僚のフィードバックを得て、自分の実践を振り返り、新しい内容とアプローチを学び、継続的な改善と協働を重視する文化を構築することができます。また、公開研究授業も行う教師たちもいます。学校間で最良の実践を広めることを促進する実践です。校長、地区の職員や政策立案者が、教師が新しい主題や目標にいかに取り組んでいるかを見ることができます。また、その分野において傑出した教師の仕事を参照することが可能になっています。[4]

教育の基準

生徒の学習の基準が、何を教育すべきかに着目する助けとなる一方、教育の基準は、教育的努力がいかにして効果的なものになりうるかに着目する助けとなります。全米教職専門職基準委員会(National Board for Professional Teaching Standards: NBPTS)は、1987年に設立されました。高く尊敬される教師と共に、他の教育者や一般のメンバーによって構成されています。熟達したベテラン教師が生徒の学習基準の想定する学びをいかにして実行できるか、ということに関するベンチマークを作成した、最初の専門家団体です。

医学の専門委員会による認可のように、NBPTSの使命は、「熟達教師が知っておくべきこととできるべきことに関する高度で厳密な基準を設定し、こうした基準に適合する教師を査定し、認定する自発的な全国システムを発展、運営し、関連する教育改革を推進することである――すべては、生徒の学習を向上させるという目的のためである。[5]」とされています。

全米教職専門職基準委員会が開発した基準は、科目ごとで、児童期初期から成人期初期までの生徒の発達レベルに合わせられています。基準は30以上の領域にわたり、教育と学習に関する知識を統合し、教育を複雑で、生徒のニーズと指導目標に付随し、相互的なもの――要するに、学習事象への生徒の応答によって継続的に形成され、再形成されるという見方を支持するものです。

1990年代初頭以来、10万人もの教師が全米教職専門職基準委員会認定資格を得ています。これは国の教師の約3パーセントにあたります。多くの場所で、こうした教師が、指導(master)教師、メンター教師、教師教育者となり、教室や学校レベルの指導者になってきました。しかし、全米教職専門職基準委員会の影響力はさらに大きくなってきています。

こうした基準は、より正確で有用な教師評価の発展のためにきわめて重要です。なぜなら、実践を記述する何十年もの研究の知見を具体化するものだからです――すなわち、効果的な教師は学習を促すために何を知り、何をするかを具体的に示しています。

全米教職専門職基準委員会の基準は、初任教師の養成や免許に関する基準に情報を提供してきました。現職評価の基準に対して情報提供を行っている場合もあります。また、この基準は、州間新任教師査定・援助連合(INTASC, 1992)による初任教師の免許基準の開発を促しました。これは、教員免許を授与し、プログラムを認可するための基盤として、40以上の州に採用されています。

全米教職専門職基準委員会と州間新任教師査定・援助連合の基準は、どちらも、多文化・多言語の生徒に対応しており、学習への多様なアプローチを含んでいます。これらの基準は、生徒に対する教科に関する基準、学習者の多様性に関する需要、成功するために教師は同僚や保護者と協働しなければならないという期待を反映しており、教育を、教科と生徒への配慮に基づく同僚間の専門的な活動として定義しています。学習に照らして教育を検討することにより、実践の中心に有効性の検討を置いています。

また、全米教職専門職基準委員会の基準が重要なものとされてきたのは、教師の査定を再定義したことにもよります。教師に紙と鉛筆によるテストを受けさせたり、観察者に行動のチェックリストを記録させたりするのではなく、査定は学習との関連で教育実践を詳細に検討するものとなっています。全米教職専門職基準委員会の基準を達成するために、志願者は生徒の学習課題への取り組みの典型事例、教室における実践のビデオテープ、また、これらの生成物に基づく分析と振り返りの詳細な記述をまとめたポートフォリオを完成させなければなりません。このポートフォリオは、教師が担当する生徒の固有のニーズと各教師の学校固有の文脈によって形成された実践を描き出すことを意図したものです。

このポートフォリオは、同じ教育分野の専門家であり、かつ訓練を受けた評価者によって、教育の重要な次元を定義するルーブリックを用いて採点されます。その次元は、生徒の学習に関する知識に基づく計画、生徒のニーズに対応した効果的方略を使用した指導、生徒が学習課題への取り組みを向上させるのを可能にする査定とフィードバック等です。

全米教職専門職基準委員会の基準は、学習との関連で教育実践を詳細に検討することにより、教師の査定を再定義してきた。

基準を研究し、それを達成しようとするこのプロセスは、教師が、長続きすると感じられる方法で実践を向上させることを動機づけてきました。認定を受けた英語教師は次のように述べています。

全米教職専門職基準委員会の基準は、存在するだろうと思ってはいましたが、今までまとまってはどこにも見られなかったような、熟達した教育に関する展望を明確に示してくれています。この基準とプロセスは、すばらしい教育とはどのようなものかについての刺激的な期待を示すことによって、教職を高く評価するものになっています。認定プロセスでは教育や査定の根拠を非常に深く追及することが要求されるため、教師たちは向上せずにはいられないのです。これは、真に省察的な教師とは何かについて教えてくれました。[6]

米教職専門基準委員会の5600人を超える全志願者への調査において、92パーセントが認定のプロセスが自分をよりよい教師にしてくれたと考えていることが示され、より強力なカリキュラムを作成することを助け、生徒の学習を評価する能力を向上させ、生徒や保護者や他の教師との相互作用を強化してくれたと報告しています。[7] 全米教職専門職基準委員会の参加者はしばしば、この査定に参加することによって、これまでの他のどんな専門性発達の経験から学んだよりも多く、教育について学んだと述べています。教師のデービッド・ヘインズの言葉は典型的なものです。

ミドルスクール全科免許のためにポートフォリオを完成させることは、本当に、私のキャリアにおいて唯一の、最も強力な専門性発達の経験でした。私が子どもたちと共に何をして、なぜそれをするかについて、こんなにも深く考えたことは今までにありませんでした。自分の実践を批判的に見つめ、高く厳しい基準に対してそれを審査しました。日々の仕事においても、しばしば、自分が目標を再考し、道筋を修正し、新たな方向へと移行していることに気づきました。私はこの査定を受ける前と同じ教師ではありません。そして私の経験は典型的なものだと思います。[8]

教師たちが認定プロセスを通過しつつ学んでいると思われるだけでなく、基準を統合するルーブリックを用いた採点にかかわっている人たちも、よい教育について学んでいると感じています。初任教師のための同様の査定が、ＩＮＴＡＳＣの基準に基づいて最近開発され、有効性を評価することと実践を改善することの両方に対して有用であることが証明されつつあります。

これらの基準が評価プロセスを通じて生産的な学習を促進していると思われる理由の一つは、それらの基準がパフォーマンスの言葉で表現されていることです。つまり、教師が免許や認定を得るために取るべき道筋が一覧で記載されているのではなく、教師が知っているべきこと、どのようであるべきか、何ができるべきかが記述されていることです。パフォーマンスベースの基準設定への移行は、他の専門における免許授与や認定のアプローチと一致しており、こうした変化がすでに多くの州で起こっています。このアプローチは、能力を決定するために、基準がどのようなものであるかを明確にすることを目的としています。

> パフォーマンスベースの基準設定への移行は、他の専門における免許授与や認定のアプローチと一致している。

これらの基準が教育的であると思われる二つ目の理由は、彼らが、実際のパフォーマンスの証拠を通して忠実に評価され、人々が実際に行うこととはかけ離れた、持っている知識やスキルを用いた代理物によって評価されるのではないことにあります。

こうした進展にもかかわらず、これらの基準を地区における教師の勤務評価と関連づける努力はほとんど行われていません。地方の教師評価は地区ごとに大きく異なり、多くの場合、有効性とは関係のない教師行動のチェックリストに基づいて行われています。研究者のマリー・ケネディは、次のように述べています。

評価そのものは通常、ほとんど価値がありません――評価の訓練を受けていない校長や他の担当員がたった一度、短時間教室を訪問したり、教師の教育の質には直接焦点を当てていない教室の条件や教師の行動のチェックリストを使うのです。通常、リストにはたくさんの項目があります。「服装がきちんとしている」「時間通りに開始する」「教室は安全である」「生徒は授業に集中している」など。…ですが、多くの場合、「満たしている」か「満たしていない」かに印をつけるだけです。[9]

州や国のレベルで専門性の基準が発展しても、多くの地方区では無視されてきました。そのため、教師はキャリアを通じて多くの支離滅裂な指摘に出会い、質の高い実践を発達させる機会が至るところで失われています。教師評価への包括的アプローチにより、州の免許授与や上級者認定のためのより有用な基準ベースの査定が作られる可能性があります。そして、地方で行われるより有意義な勤務評価の枠組みとして、これらと同じ基準が使用されるでしょう。

> 教師はキャリアを通じて多くの支離滅裂な指摘に出会っている。

次章（第3章）では、準備教育と免許授与から、初任者研修、専門性の学習、上級教師認定へ至るまで連続した、教師を評価するための基準ベースの枠組みを創出するために、州は何ができるかについて述べていきます。第4章では、教師が教育のキャリアを通じて成長するのを可能にしながら、継続的に査定と発達を支援する地区の評価の補完的システムを作りだすために、地方の学区は何ができるのかについて述べます。

第3章

連続したパフォーマンス査定を生み出す

［全米教職専門職基準委員会認定資格を得てから］何度も、私は二つの正反対の経験［全米査定と私の地区での評価プロセス］について考えてきました。その結果、現在の［地区の］評価プロセスの主な不備な点が照らし出されたと感じています。それは、思慮深く改善されていくでしょう。［地区による］プロセスが効果的に実施されるためには、それがすべてのレベルで――最も弱く、要援助か解雇が相当と認定される人から最も優れた、学校で模範的役割を果たすにふさわしいと認定される人まで――教師のパフォーマンスを有意義に反映している必要があります。メディアが「悪い教師」を排除するよう頻繁に騒ぎ立てているため、皆それに傷ついています。一方で、きわめて優れた教師の多くが年中絶え間なく働いていますが、その努力に対する公的な認証や報酬を受けることはほとんどありません。

――ジェーン・ファン、全米教職専門職基準委員会認定資格教師、
カリフォルニア州、ロサンゼルス

指導教師であるジェーン・ファンは上記の振り返りで、全米教職専門職基準委員会のポートフォリ

オ査定の利点は、地区評価と異なり、実際に教師のパフォーマンスを測っていることにあると指摘しています。彼女はまた、評価一般を改善するための重要な問題は、すべてのレベルで――初心者から熟達者まで、苦闘している教師から非常に優れた教師まで――教師のパフォーマンスを有意義に査定できるシステムを開発することであるとも述べています。そのためには、初心者レベルから熟達レベルまでの実践を反映する、連続的なパフォーマンス査定を行えるようにする必要があります。

パフォーマンス査定の特徴

パフォーマンスをうまく測定するには、どのようにすればよいでしょうか？　教師としての経歴の初めから終わりまで適用できるパフォーマンスベースのシステムを確立するには、何が必要でしょうか？

基準は、生徒や教師が学習のために実際に行うことを導く期待や行為につながらなければ、紙切れに書かれた言葉にすぎません。研究者は、うまくデザインされたパフォーマンスベースの査定は以下の特徴を持つことを見いだしています。

1　今なされている教育を捉える

特定の学習目標を達成するために、教師と生徒の双方が何をしているのかという観点から学級内の実践を見る。

2　教師の有効性に関連する教育の側面を観察し、査定する

生徒の先行知識の活性化と強化、学習プロセスの段階を支えるための適切な足場作り、生徒が自分の知識を利用し、フィードバックを受け取り、学習課題を見直す機会を作るなど。

3　教師の意図や方略を吟味する

それらは特定の生徒のニーズや、教える教科に求められていることを満たすか。

4　生徒の学習との関連で教育を見る

教育の結果から得られた生徒の学習課題への取り組みに加えて、生徒の学習課題への取り組みをさらに改善する教師のフィードバックや支援を評価する。

5　パフォーマンス基準を明確に表すルーブリックを用いる

教師の実践や、方略、成果を評価するために、専門性のさまざまなレベルで使用する。[1]

これらの特徴を持つパフォーマンス査定が用いられているものとしては、全米教職専門職基準委員会認定資格や、コネティカット州やカリフォルニア州における初任教師の免許授与、その他、現在試行中のこのようなポートフォリオの全国版があります（本章で後ほど議論します）。これらはまた、（第4章でさらに議論する）いくつかの地区で用いられている、基準ベースの教師評価システムを含んでいます。

今こそ、変革のときです。何十年もの間、基本的なスキルや科目に関する伝統的な筆記試験によっ

現職評価でよく使われてきたチェックリストは、教育や学習を意味ある方法で吟味していない。

て教師に免許が与えられてきましたが、それは、教育水準を設けるためには有用だったかもしれませんが、学級での有効性とはあまり関連がありませんでした。[2] そして、現職評価でよく使われてきたチェックリストは、教育や学習を意味ある方法で吟味していません。しかし急進展があり、近年のよくデザインされたパフォーマンスベースの査定は、生徒の進歩によって測定されるような、教師の有効性と関連した教育の側面を測定していることが見いだされてきました。

たとえば、全米教職専門職基準委員会認定資格査定のプロセスは、生徒の成績向上においてより効果的な教師と、認定を得られない教師とを識別することが多くの研究で見いだされました。[3] 同様に、「コネティカットＢＥＳＴ」アセスメントに基づく初任教師の評定は、州主催の試験における生徒の成績を予測することが見いだされている一方で、他の評価尺度——大学、成績平均点、科目の知識や基本的スキルの伝統的な試験——は予測しませんでした。[4]「カリフォルニア教員パフォーマンス査定（Performance Assessment for California Teachers: ＰＡＣＴ）」の新規の教師の得点は、州主催の試験における生徒の成績を予測することも見いだされました。[5]

これらすべてのパフォーマンス査定はポートフォリオであり、ビデオやカリキュラム計画、生徒の学習課題への取り組みや学習成果の典型事例を通じての教師の実際の指導の証拠、さらにはカリキュラム目標や生徒のニーズを踏まえながら何をどのように教えたか、また、どのように学習を査定し、個々の生徒にフィードバックしたかに関する決定の根拠を説明する教師のコメントを集めたものです。

こういった種類の査定が教育を導き、教師にフィードバックを与えるために用いられると、教師は技能を高められることを研究者たちは見いだしています。そして、このような査定を受けることは、評価される教師にとっても、評価者になるための訓練を受けている教育者にとっても、学習の支えとなります。したがって、査定は記録であると共に、教師がより有効性を発達させる助けにもなるのです。さらに、この分野全体にとってのよい教育のあり方についての共通言語と一連の理解を生み出します。

州の制度を作り上げる

理想的には、一貫した制度を作りだすためには、州は新任教師に免許を与え、パフォーマンスに基づいて熟達した教師を認定する階層的な免許授与制度を展開することになるでしょう。この制度は、地区評価が足並みをそろえた、専門的な学習と昇進のためのキャリアの連続体を構成するでしょう。教師評価が連続的なキャリアの全体にわたって有意義なものであるためには、以下のようであるべきです。

- INTASC（州間新任教師査定・援助連合）のような共通基準や、効果的に教えるために必要な知識やスキルを反映した初期免許（予備免許や階層1免許と呼ばれることも多い）のためのパフォーマンス査定から始める。

- 初任教師のための初任者研修を導き、専門職免許（階層2免許と呼ばれることも多い）取得を決定するパフォーマンス査定を形成するため、これらの同じ基準を用いる。
- これらの基準に基づいて、地区レベルでの在職権を決定する。在職権は、通常州法に定められているように、仕事の生涯保証ではなく、教師に保証された承認——教師は理由なく解雇されない——こととして理解される。
- 地区評価システムと、同じ基準を軸にした、現場査定と発達の専門的な学習機会を作り、教師の発達がキャリアを通じて整合的で一貫性を持つものにする。
- 補足的な基準や全米教職専門職基準委員会の基準のような達成された実践の査定を用いて、教師が自分の専門知識を他者に広めることができる新しい役割を含んで、承認と昇進を得る機会

図3・1　教師のパフォーマンス査定の連続体

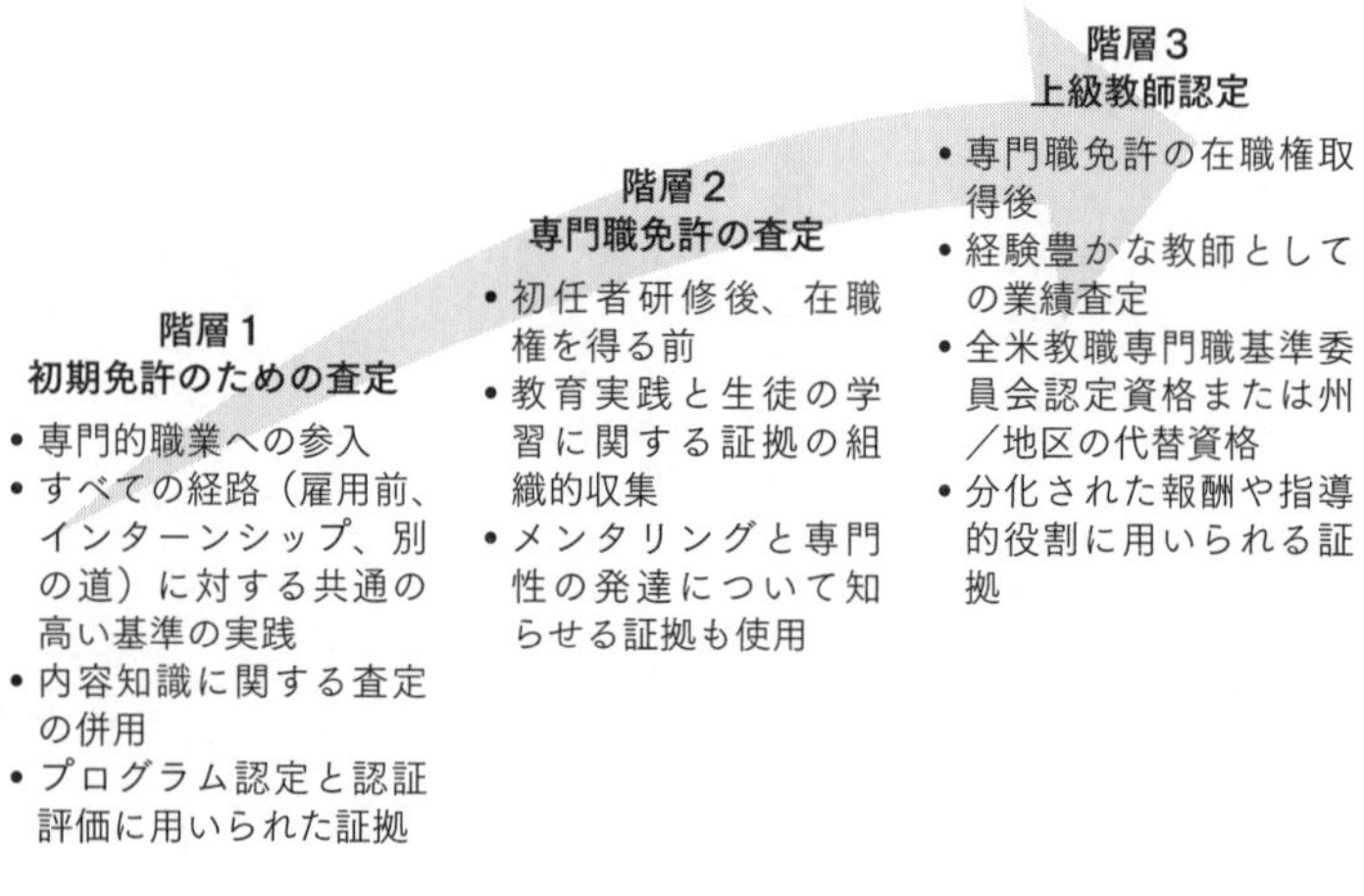
階層3
上級教師認定
• 専門職免許の在職権取得後
• 経験豊かな教師としての業績査定
• 全米教職専門職基準委員会認定資格または州／地区の代替資格
• 分化された報酬や指導的役割に用いられる証拠
階層2
専門職免許の査定
• 初任者研修後、在職権を得る前
• 教育実践と生徒の学習に関する証拠の組織的収集
• メンタリングと専門性の発達について知らせる証拠も使用
階層1
初期免許のための査定
• 専門的職業への参入
• すべての経路（雇用前、インターンシップ、別の道）に対する共通の高い基準の実践
• 内容知識に関する査定の併用
• プログラム認定と認証評価に用いられた証拠

を作りだす。いくつかの州では、図3・1に示すように、免許授与制度の三番目の階層と考えられている。

参加のための確固とした基礎を築く

階層1：初期免許

よりしっかりとした準備と教師の質を高めるために、州は教師のコンピテンスのパフォーマンスベースの証拠に基づいて、初期免許授与の決定をすべきです。1980年代から免許授与決定により高い信頼性が望まれたことにより、教員免許試験がほとんどすべての州で導入されました。しかし、これらの試験は、通常、基本的スキルや科目に関する多肢選択式試験であり、教師が効果的に子どもに教える能力を予測しません。こうした試験は、専門知識を測るためのスクリーニングテストとしては適切であるかもしれませんが、十分に教えることができる者を決定するものではありません。さらに多くの場合、これらの試験は教師教育に参加する前、あるいは修了する前の教師の知識を評価するものであり、したがって、教師教育の説明責任を果たすツールとしては不十分です。

それとは対照的に、すでに利用している州において、初任教師のパフォーマンス査定は、有効性に関連した教育の特徴を測るだけではなく、同時に――参加者にとっても、参加者に備えるプログラムにとっても――実際に有効性を発達させる助けになることが見いだされています。

パフォーマンス査定は、有効性に関連した教育の特徴を測るだけではなく、同時に―参加者にとっても、参加者に備えるプログラムにとっても―実際に有効性を発達させる助けになる。

医療や看護、法律のように確立された専門職では、州の専門職基準委員会において専門家メンバーが考案した免許授与のための州試験が長らく実施されてきました。司法試験では、弁護士は事例分析や前例の引用、法的覚書や準備書面を書けることを示すことが求められるのは、よく知られた例です。医師免許試験では、将来医師になる人は、正確に患者を診断し、患者の予後を評価できるシミュレーションにおいて医学的介入を指示できなければなりません。建築士登録試験志願者は、ある特定の要素を含む自分の仕事についてのポートフォリオを提出しますが、それは全米教職専門職基準委員会が求めるポートフォリオや、最近の初任教師の査定とよく似ています。

他の専門職の試験は、最も伝統的な教員免許授与試験とは二つの点で異なります。第一に、それらの試験は試験会社によって実施されていますが、専門家メンバーによってデザインされ開発されたものです。第二に、少なくとも一部は、専門家が行うことを真に代表している課題を通して実践への準備性を査定します。これらの専門職試験は、これらの点で、カリフォルニア州やコネティカット州などで利用されている、最近開発された初任教師のパフォーマンス査定と似ています。これらの教師のパフォーマンス査定は、実際に教えるときに真に必要な要素を含むように、専門家メンバーにより開発されました。先に述べたように、これらの査定は、有効性に関連した教育の特徴を測定すると同時に、参加者とプログラムの有効性の発展を助けることが見いだされています。

パフォーマンス査定の力を経験した教師たちは、評価に対するこのアプローチが非常に有用であることを一貫して認めています。これにはカリフォルニア州のPACTがかかわっていますが、PACTは州中から集まった教師教育者や教師によって作られ、初期教員免許授与の30以上の伝統的なプログラムや代替プログラムで用いられています。こうした大学のうちの一つ（スタンフォード大学）の教師教育者として私が個人的に目にしてきたのは、受験者が自分の学習を統合するのを助けること、プログラムについて熟考する上で有用な情報を与えること、カリキュラムと臨床経験を高め続けることに対して私たちに強く焦点化させることにより、PACTがいかに準備の強化に役立つかです。PACTの支援にインストラクターやスーパーバイザー、協力教師がかかわったことにより、プログラム全体にわたって教育に関するより共通の展望も生み出されました。

パフォーマンス査定の力を経験した教師たちは、評価に対するこのアプローチが非常に有用であることを一貫して認めている。

同僚と同じく、私たちも、受験者が査定を終えて、教育について学びを深めたと報告するのを見てきました。ある人は次のように述べています。

私にとって最も貴重だったことは、授業の順序立てでした。授業を行い、子どもたちが何を理解し、理解していないのかを評価し、それを次の授業に反映させる…「教える－査定する－教える－査定する－教える－査定する」プロセスです。人は常に変化しています。計画や枠組みを持っているかもしれませんが、それは柔軟でなければならないし、その日子どもたちが学ぶことに基づいていなければ

ばならないのです。――教師志望者

大学や学部教員は、標準化されたルーブリックを用いて、これらのポートフォリオを点数化します。監査手続きと共に、訓練や相互調整することが、基準を調整し、信頼性を確保するのに役立ちます。そして教員はPACTの結果を自分のカリキュラムを見直すために用います。点数化の参加者は、このプロセスがいかによい教育に関する共通理解を生み出すか、準備をどう向上させるかに集中させ、教員の導入訓練や専門性の発達を計画する土台を生み出すかについて述べています。

この［点数化の］経験は…私に、教師の査定で本当に重要なことは何かという問いに立ち返らせることになりました。それが次には、教師になるための準備において本当に重要なことは何かという問いに立ち戻らせたんです。――教師教育に携わる教職員

［点数化のプロセスは］「よい教育」――どのように見えるか、聞こえるか――をはっきりさせます。それによって、自分自身の実践を批判的に、新しい目で見ることができるのです。――協力教師

導入プログラム・コーディネーターとして、資格所有者が何をもたらしてくれるか、何をすることが求められているかが、ずっと明確にわかりました。私たちはこれを足場にすることができます。
――導入プログラム・コーディネーター

このプロセスは、教師や評価者の成長に役立つだけではなく、データが教師準備プログラムにフィードバックされるため、さらなる利益を得ることができます。ＰＡＣＴプログラムは、プログラム領域や教育の諸側面――計画、指導、査定、振り返り、学術用語の発展など――についての全受験者の詳細な集約データを得ており、そのデータをカリキュラムや指導、プログラムデザインを改善するために用いています。これらの集約データを認定に用いれば、究極的には、受験者準備において受験者が実際に教えることができることを示すという成果への見通しをもってプログラムを再検討するための、堅固な土台を与えることができます。後のキャリアにおける全米教職専門職基準委員会認定資格への動機を加えると、これらの査定は、教師の職業生活にわたって有効性が増していくことを確認し、そのように刺激するのを助ける評価尺度の連続体を提供するでしょう。

査定に対するこのアプローチは、双方の全国教師連盟による最近の提言の核心となっています。『教育の転換（*Transforming Teaching*）』という報告書によると、全米教育協会は、免許授与前に完了する準備と教師のパフォーマンス査定を導く全国的に確立された教職専門職基準に基づくキャリアの連続性を要請しました。[6]『資格要件を上げる（*Raising the Bar*）』においてアメリカ教師連盟は、科目領域と強力な臨床訓練における能力の証拠と共に、免許授与のためにパフォーマンス査定を全国的に利用できるように提供する、教育のための「資格試験」を要請しました。[7]

これまでのところ、ＰＡＣＴの経験をもとに、25以上の州や２００近い準備プログラムが一丸となって「教師パフォーマンス査定連合[8]（Teacher Performance Assessment Consoetium: ＴＰＡＣ）」に加わり、初期免許授与査定の共通版であるｅｄＴＰＡ（教師のパフォーマンス査定）が作られました。それは、準備教育と、パフォーマンスに基づいて生徒の学習を支援する教師の能力の上に立った免許授与を行うために、全国で用いることができます。この新しい教師のパフォーマンス査定は、最近22州にまたがって１６０以上のプログラムで７０００人の受験者を対象に予備調査が行われましたが、全米共通学力基準と結びついた教育基準に基づいており、最終的には州のカリキュラム枠組みに組み込まれるでしょう。この査定により、研修中の教師が効果的に計画し、教え、生徒の学習を評価することが確実にできるようになります（表3・1参照）。

エイミー・アドキンスは、教師教育者であり、イリノイ州立大学の副学部長ですが、次のように述べています。「もし、教師と教師の準備教育に向けられた最近の攻撃的なレトリックに肯定的な成果が一つあるとすれば、それはｅｄＴＰＡです。それは、カリキュラムを完了したという資格としての免許から、カリキュラムが意図する熟練度を実証する義務としての免許へと、パラダイムシフトを起こす機会となります[9]」。

諸大学で、査定が受験者だけでなく教師教育者も、実践を向上させるのに役立つことが見いだされています。オハイオ州では、32機関が２０１０年から２０１１年にＴＰＡＣ（教師パフォーマンス査定連合）の査定のすべて、あるいは一部について予備調査し、その結果を検討しました。査定を受けた教師志願者を対象とした調査によると、96パーセントがその経験について肯定的なコメントをしており、査定により、新たな学び

> 諸大学で、査定が受験者だけでなく教師教育者も、実践を向上させるのに役立つことが見いだされている。

を得たり、自己認識を高めたりするのに役立ったこと、生徒の学習に注意を向けるようになったことを指摘しています[10]。

受験者はこの査定について、次のように述べています。

査定によって実際、私が行ってきたことや、なぜ私はそんなふうに考えたのかを分析することができました。教師として常にいろいろな改善の方法があることはわかっていましたが、すべてを書き記し、自分が選んで行ったことの理由づけをせざるをえなくなって、自分の長所と短所が見えたのです。

［査定が役立ったのは］生徒の学習を分析し、個々の生徒のニーズに合うように授業を展開したからです。生徒の能力レベル内にありますが、より深く考えさせるよう促す授業を展開するのに役立ちました。

このプロセスは非常に教育的でした。私の協力教師は、私の課題を通読し、教育実習生がこの査定を受けるのはすばらしいことだと述べました。私は自分自身や計画について、そして、どのように振り返り、どのように成長していけばよいのかについて、多くを学びました。

教師教育者もまた、このプロセスが、生徒にとっても自分自身にとっても教育的であると感じていました。

査定要素	提出された証拠
課題4　教育の分析	
• その学習場面を通して記録したメモを用いて、自分の教育実践について学んだことや、その学習場面を初めから教えることができたとしたら、やり方を変えるだろうことを二つか三つ、コメントの質問に答えて説明する。なぜその変化が生徒の学習を向上させるかを説明する。	□ 教育についてのコメントの分析
課題5　読み書きにおける学業上の言語 （上述の課題を通して証拠が集められる）	
• 読み書きで中心的な焦点となっている主要な言語上の問題を一つ選択する。多様な言語ニーズのある生徒をどのように支えるかを説明する。 • 生徒が、目標とする学業に必要な言語を理解し、用いる機会を得た証拠を挙げる。（1）教育課題のビデオクリップ、または（2）査定課題における生徒の学習課題への取り組みの典型事例。 • 言語支援の上での自分の有効性を分析する。	□ 計画へのコメント □ 指導へのコメント □ 査定へのコメント

表3・1　教師のパフォーマンス査定、初等読み書き能力ポートフォリオ

<table>
<tr><th>査定要素</th><th>提出された証拠</th></tr>
<tr><td colspan="2">課題1　指導と査定の計画</td></tr>
<tr><td>• 自分の指導する文脈についての適切な情報を提供する。
• 読み書きスキルと方略を教え、生徒の文章理解や文章作成を支えるための、3～5回の連続した授業のうち、一つの学習場面を選択する。
• 主要な読み書き概念に焦点を当てた学習場面に対して、生徒の強みとニーズを考慮しつつ、教育と査定計画を作成する。
• 生徒や自分の計画の背後にあるものについて、知っていることを説明する。
• 生徒の学習に対する自分の教育の有効性について、日々メモを作成する。</td><td>□ 学習の文脈に関する情報
□ 学習場面に関する授業計画
　• 授業計画
　• 教材
　• 査定ツール／手順と基準
□ 計画の解説</td></tr>
<tr><td colspan="2">課題2　生徒を指導し、学習に参加させること</td></tr>
<tr><td>• 生徒が、文章理解や文章作成のための読み書き方略を身につけるよう行っている授業からビデオクリップを提出する。
• ビデオクリップ中の自分の教え方や生徒の学習について分析する。</td><td>□ ビデオクリップ
□ 教育指導の解説</td></tr>
<tr><td colspan="2">課題3　生徒の学習の査定</td></tr>
<tr><td>• その学習場面の間に行われた一つの査定から、学級のパフォーマンスを分析する。その学級の生徒の理解傾向を例示する生徒3名の学習課題への取り組みの典型事例を取り出して挙げる。
• 2名の生徒の学習を選択してより深く焦点化した分析をし、生徒たちの学習課題への取り組みに対するフィードバックを文書にまとめる。
• 査定課題と評価基準を提供する。</td><td>□ 生徒の学習課題への取り組みの典型事例
□ フィードバックの証拠
□ 査定の解説</td></tr>
</table>

教師志望者は、初任教師として何をしているかを吟味せざるを得ないようにします。私もまた、自分のセミナーに加えている教材を見て、それらの教材が私の学生に適切か、見ることを余儀なくされました。

マーシー・シンガー・ガベラは、ヴァンダービルト大学の教師教育者ですが、査定の予備調査を行ったテネシー州の八つの大学教員が、ｅｄＴＰＡにかかわる仕事をすることにより、強力な教育実践を発展させる方法についてより実りある会話をするようになったと述べたと指摘しています。また彼女は、ｅｄＴＰＡに関連する変化は、この分野に対する卒業生のレディネスにおいて顕著な変化をもたらしたと付け加えています。たとえば、この査定の初期研究から、受験者は生徒の学習課題への取り組みを分析し、生徒に有用なフィードバックを返すことに困難を感じていることが明らかになりました。それに応えて、ヴァンダービルトの教師教育の教員は、講義や教育現場に関する課題を見直し、これらの領域における実践の機会を増やしました。[11]

ヴァンダービルトの教育実習生ニコル・レナーは、ｅｄＴＰＡによって自分のこと――大半の初心者はそこから始めます――から生徒に焦点を当て直すことによって、自分の教育能力が実際に変化したことに気づいたと言っています。ニコルは次のように述べています。

ＴＰＡは総括的な査定のために使われているとしても、それは形成的なものでもあって、ＴＰＡから教えられた主要なことは、まさしく、新任教師や就任前の教師が学ぶべきことです。それは生徒についてです、代用の・・・TPAのプロセスは、受験者の現場経験を有意義な方法で具現化し、特に受験生の焦点を完全に生徒へと移していくのです。そうです、私たちは授業をビデオ撮影し、これを「自分たちをビデオ撮影する」と言っていますが、私たちがそのビデオテープで本当につかもうとしているのは、生徒中心の学習経験を育てる能力なんです。[12]

表3・2　教師のパフォーマンス査定は教育実習生をいかに変えるか

「典型的な」教育実習生	edTPA経験
焦点がその日その日に当てられていて、特に協力教師が「自分の経験と勘を頼りにする」タイプの場合、拡張された計画に対して説明できないことがある	長期計画に重点を置きながら、その間に軌道修正や日々の調整をする
個々別々の授業観察	一連の指導の記録
教師の行動について	生徒の学習課題への取り組みについて
外部の観察者（協力教師、大学の指導教員等）に主導された教育評価	（適切な指導とフィードバックを伴う）自己主導の教育評価
個々の生徒への焦点化が困難 • 生徒のことがよくわからない • 協力教師はそれをしないかもしれない	異なるパフォーマンスレベルにある個々の生徒への焦点化が必要
教育のレディネスの査定よりも、教育実践の練習について	真剣勝負―単独で教えるのとまさに同じように！
講義や教育現場での相互作用から「よい」教育実践について多数の情報を取得	実際の教育経験において出会う、効果的な教育の中核的能力（core competencies）に関する統一された見通し

出典：Nicole Renner（2012）.

ニコルが生き生きと述べた、いかにｅｄＴＰＡが典型的な教育実習生の経験を変えたかについての要点が表３・２に示されています。そこには、よく構成されたパフォーマンス査定は初心者が熟練した教師になるのに役立つ非常に重要な贈り物になりうることが、ありありと示されています。

２０１３年までに、ｅｄＴＰＡは、初期免許授与としての利用、ないしは認証評価のための有用な成果データを積み上げていこうとするプログラムとして、全国的に使用可能になるでしょう。

階層２：専門職免許

査定の上級版は、もともとコネティカット州で作られたものや、オハイオ州で開発中のものと似ていますが、専門職免許（試用期間の終わり、通例3年後）の時点や、初任者研修期間中のメンタリング・プロセスのガイドとしても用いることができます。

先に述べたように、コネティカット州のＢＥＳＴポートフォリオは、２年目教師に用いられていますが、（伝統的な免許試験や進学準備指標などの）いくつかの教員資格のうち唯一、生徒への教師の有効性を予測することが研究で見いだされています。先に議論した就任前のパフォーマンス査定のように、初心者が実践を改善するのに役立ちます。コネティカット州でＢＥＳＴ査定を受けた初任教師が、そのプロセスの力について述べています。それは、授業がいかに個々の生徒のニーズに応えているかや、翌日の計画で何を変えるべきかを考えな

> コネティカット州のBESTポートフォリオは、2年目教師に用いられているが、いくつかの教員資格のうち唯一、生徒への教師の有効性を予測することが研究で見いだされている。

がら、単元を計画し、教え、一日の授業を毎日振り返ることを求めます。彼は次のように述べています。

> 私はとにかく内省的なタイプでしたが、それがさらに一歩進むことになりました。私は、わかった、違うやり方でやっていくことになるのだなと言わざるを得なかったのです。それは、私の教育に大いに影響を与え、自分がやろうと思っていることを述べる授業を1回行うよりも有益でした・・・このプロセスによって、自分の教育について考えさせられ、振り返させられました。そして、それは有効な教師になるために必要なことだと思います。[13]

40以上の州で現在、初任教師に何らかの形式の研修が求められていますが、これらのプログラムのうち、初任研修が終わるまでに教師にできるはずであることを示す明確な見通しのもとに進められているものは、ほとんどありません。専門職免許は一般に在職権決定の直前に地区により認可されるため、この査定はこの決定にも情報を与えることができます。パフォーマンス査定を採用して、研修や、免許授与と在職権に関する決定を行っている州や地区は、よい実践に関する共有された見通しに対してより大きな注意を払いつつ、目的がずっとはっきりとした焦点化されたメンタリングを支援してきました。

> パフォーマンス査定を採用して、研修や、免許授与と在職権に関する決定を行っている州や地区は、目的がずっとはっきりとした焦点化されたメンタリングを支援してきた。

熟達した実践を身につける

階層3：高度な認識

先の章で述べたように、全米教職専門職基準委員会認定資格は、昇給や他の形式の教師認証、たとえば助言者や指導的立場の教師の選出などを行うために、多くの州で用いられてきました。全米教職専門職基準委員会認定資格は、教師の有効性と関連しているという事実に加えて、すでに能力のある教師が向上し続けていくためにも役立ちます。これは、査定に対する非常に重要で新たな期待となります。より力量のある専門職を支えるために、評価プロセスは、有効性をうまく測定すると共に、力量のある実践をより高めるのにも役立つと主張すべきなのです。

多くの研究で見いだされてきたのは、教師が全米教職専門職基準委員会のプロセスに参加することにより、専門的学習が支えられ、実践に変化が促されることです。基準を踏まえて自分自身や生徒の学習課題への取り組みを分析するプロセスにより、生徒の学習をよりよく査定できるようになると教師たちは述べています。また、自分の行為の効果を評価し、必要に応じて変えていくことにも役立ちます。最後に、教師は、学級での議論を主導したりグループワークを組織化したり、理科の調査を実施したり、生徒に文章作成に取り組ませたりするなど、基準や査定で求められる新たな実践を身につけることがしばしばです。[14] 教師は、査定されるそれぞれの領域において——計画、設計、指導の提供／学級経営／生徒の学習の診断と評価／科目に関する知識の利用／学びの共同体への参加――パフォーマンスが著しく向上することを報告しており、実際にこれらの変化が起こることが研究により示されています[15]。

全米教職専門職基準委員会認定資格に刺激を受けた学習を活かして、すべての教師が同時に委員会認定資格にかかわるように勧めることによって、学校全体の改善方略を作りだした学校もあります。この教育的アプローチを査定に導入することによって、教師の実践や生徒の成績をかなり向上できることが証明されています（囲み「全米教職専門職基準委員会の査定がいかに学校を変えうるか」参照）。

> 教師が基準を踏まえて自分自身や生徒の学習課題への取り組みを分析することにより、自分の行為の効果を評価し、必要に応じて変えることができるようになる。

全米教職専門職基準委員会の査定がいかに学校を変えうるか

全米教職専門職基準委員会認定資格に学校全体で参加することは、教師が共同的にも個人的にも有効性を高める助けになります。たとえば、かつて問題がありましたが今はかなり改善されたアリゾナ州フェニックスにあるミッチェル小学校で用いられた転換方略は、初等中等教育法第2章の財政的支援により、全米教職専門職基準委員会認定資格プロセスを用いて、教師の専門知識を増やすことでした。

この低所得層のラテン系のコミュニティにおいて、大半の生徒が英語学習者であり、60パーセント以上の教師——大半はそのコミュニティ出身で、生徒集団を反映しています——は、全米教職専門職基準委員会認定資格を持っているか、資格を得ようとしているところでした。ミッチェル小学校の教師は、教育をよりよく理解するために共同で動いたため、全米教職専門職基準委員会のプロセスによって学校が変わったと主張しています。学校の成績が劇的に向上しただけではなく、教師の離職者率ももはや問題ではなくなりました。[16] 地区の共同監督者であるスザンヌ・ゼントナーは、「私たちは学力格差を縮めるためのアプローチとして……全米教職専門職基準委員会認定資格のプロセスに信頼を置いています」と述べました。[17]

同様の方略によって、カリフォルニア州パーム・スプリングスにあるジュリアス・コルシニ小学校——貧困率が高く、90パーセントがラテン系の生徒で、85パーセントが英語学習者——も変わりました。全米教職専門職基準委員会認定の教師であるケイラ・ボネリが2006年に校長として着任したとき、学校は4年間、「要プログラム改善」状態にあり、教師の離職率は年75パーセントにまで達していました。彼女の強い希望で、その学校の全45名の教師は、「1回」オプションで最初のポートフォリオにエントリーするか、完全ポートフォリオに取り組み始めるかのどちらかによって、全米教職専門職基準委員会認定資格プロセスを受けました。「1回」群は、校長や副校長と共に、全員が新たな言語資格として英語にエントリーすることに決め、英語学習者の生徒に教えるための実践の向上と振り返りを同時に行うことができました。

教師は基準を踏まえて自分の教育を検討しながら、文章の書き方をより効果的に教えたり、思考マップなど共通の教育方略を用いたりすることに共に取り組み、生徒がより効果的に学べるよう支援することも決めました。多くの教師はうまくエントリーを通過し、ポートフォリオの完成へと進みました。その後数年間で、すべてのスタッフが全米教職専門職基準委員会認定資格を手にし、州初の偉業を成し遂げました。

２００６年度の終わりに、この学校の「学業成績指標（Academic Performance Index：ＡＰＩ）」は55ポイント改善しましたが、それは州平均より約10倍高いものでした。この学校は、その年にプログラム改善状況から抜け出した州５校のうちの１校となりました。翌年も、同程度改善されました。同じく重要なのは、学校が強い職業的文化を発展させ、離職率を削減し、他の優秀な教師をひきつけるようになったことです。

標準の教師評価プロセスも変化しました。地区や労働組合の許可を得て、校長は全米教職専門職基準委員会のプロセスを借りて、代わりとなる評価方法を導入しました。それは、教育の出来事の記録を書き、その記録を用いて教師と対話することにより、強みやニーズを特定することに基づきます。教師はこの評価アプローチを歓迎し、全米教職専門職基準委員会のワークに沿った実践を発展させ続けていくのに役立つと言っています。

国内の他の学校も近年、この方略を用いて同様の成功を収めています。そのような５校に関する最近の研究において[18]、校長は、教師が自分の実践を振り返るだけではなく、他者により深く振り返りを促すような強い専門的共同体を構築することに全米教職専門職基準委員会のプロセスが果たす役割があると強調しています。ある校長は、教師がお互いに自分が行った教育的選択の理由が妥当なものかを質問しあっているのを、今では日常的に目にすると述べています。他の校長は、教師が生徒の成績データの意味を理解する方法に著しい変化があったこと、つまり、学校はいつも「データ駆動型」でしたが、今では教師がなぜ生徒がそのような結果を得たのかについて深く掘り下げ、説明をする傾向が強いことを述べています。ある地区の管理者は、「教師がこのように深く振り返っているのをこれまで見たことがありません」と言いました。

実施されているパフォーマンスベースの連続体——ニューメキシコ州の事例

多くの州がすでに、教師のパフォーマンス査定に関する連続体を構築し始めています。たとえば、初任教師は免許授与のためのパフォーマンス査定を用いて評価されることや、指導的立場にあり、時により高い報酬を得ると見なされるベテラン教師は、全米教職専門職基準委員会認定資格や同様の査定を通して査定されることなどです。マサチューセッツ州やオハイオ州、ワシントン州も、教師のキャリアを導くためのパフォーマンス査定を連続したものとする計画を立ててきた州の仲間です。

しかし、それらの州が最初ではありませんでした。２００３年に、ニューメキシコ州は、職場での査定を行うための地区版として設定された評価と共に、三階層の免許授与制度を州レベルで作り上げました。全米教職専門職基準委員会のものをモデルとしたポートフォリオに基づいて、教師は臨時教員（レベルI：最初の3年間）から現職教師（レベルII）、熟練教師（レベルIII）へと進んでいくために、能力が高まっていることを示さなければなりません。レベルごとに、報酬と責任が増大していきます。[19]

これにより、教師が教育的決定の結果として生徒が学んだことや教師の有効性を向上できる方法に焦点を当てて取り組む、統合システムが作りだされました。教師は、自分のポートフォリオを向上させると同時に、州の得点チームの一員であるため、他の教師のポートフォリオを採点しながら学んでいると感じています。教師はまた、自分の仕事について同僚からフィードバックを得ながら学んでいますが、実践を巡って教師たちが開発してきた共通言語によってより有用なものとなりました。そして、年度ごとの地区評価は、免許授与の査定と同じ基準に基づいているため、教師はキャリアを通じて、首尾一貫した方法で自分の実践に取り組んでいくことができます。

> 統合システムでは、教師が教育的決定の結果として生徒が学んだことや教師の有効性を向上できる方法に焦点を当てて取り組む。

HB212〔訳注：House Billは下院で可決された法案〕の可決にあたって、議員は、ニューメキシコ州が質の高い教育力の発展を必要としていることを認め、以下のように述べています。

> 州と学区が初任教師を指導する道を模索し、まだ見込みがあるときに教師に介入し、質の高い教師の仕事に対する満足度を上げ、熟練した教育者の免許授与と給与制度へと変えることによって教職を高めていかなければ、ニューメキシコ州の教職において、公立学校は最も質の高い教師を採用し、雇うことはできないでしょう。

ある免許授与レベルから次のレベルへと進むために、教師は三つの側面――指導、生徒の学習、専門的学習――に関するパフォーマンスの証拠を提供する、「専門性発達報告書」を完成させます。この書類は、全米教職専門職基準委員会認定資格のポートフォリオをモデルにしていますが、教材や、生徒の学習課題への取り組みの事例を含んでおり、州の評価委員会に電子的に提出されます。生徒の学習に関する学級の証拠は、教師によって、特定のカリキュラム目標と教育プロセスと関連づけて提出されます。

先に論じたパフォーマンスベースの査定と同じように、報告書の評価は、正確に採点できるよう訓練を受けた外部の評価者によって行われます。教師が所属する地区外の指導教師である、2名の有資格評価者が書類を採点します。そのうち少なくとも1名は、その書類を提出している教師の専門分野において資格を得ている者です。評価者の採点は、コンサルタント・パートナー団体であるリソーシーズ・フォア・ラーニングによって一貫性が監視されています。リソーシーズ・フォア・ラーニングは現在、ニューメキシコ州立大学教育学部や専門性発達研究所（Institute for Professional Development）と共に、専門性の発達の基盤を作って生徒の成績を向上させようとしています。このように、評価制度と専門性の発達制度は、相互に補強しあうように考案されています。

> それぞれの免許授与レベルのパフォーマンス指標は、九つの能力それぞれに関して、三つの重要な領域―指導、生徒の学習、専門的学習―にわたっている。

それぞれの免許授与レベルのパフォーマンス指標は、九つの能力それぞれに関して、三つの重要な領域――指導、生徒の学習、専門的学習――にわたっています。

1　教師は、内容領域と承認されたカリキュラムに関する知識を的確に示す。
2　教師は、さまざまな指導法や教えられた各領域のリソースを適切に用いる。
3　教師は、生徒の学習や理解を促進するような方法で、生徒とコミュニケーションを図り、生徒からフィードバックを得る。
4　教師は、生徒の成長、発達、学習の原理を理解し、それらを適切に応用する。
5　教師は、生徒査定のスキルや手続きを効果的に利用する。
6　教師は、肯定的な生徒の行動や、安全で健康的な環境を促進するような方法で、教育的状況を管理する。
7　教師は生徒の多様性を認識し、肯定的な生徒の関与や自己概念の促進につながる雰囲気を作りだす。
8　教師は、必要に応じて改革を検討し、実行する意思を示す。
9　教師は、同僚や親、共同体のメンバーと共に生産的に働く。

このパフォーマンスの期待（指標）は、教師が当該能力領域の「期待に適合する」ために求められる、観察可能な教師の行動を記述し、これらの指標はレベルが高くなればより難しくなります。たとえば、次の囲みに示すように、最初の能力領域の基準――内容領域と承認カリキュラムに関する知識――

によると、レベルⅠの教師は、州の計画基準を用い、内容知識を示し、生徒とのコミュニケーションが明確であることが期待されています。レベルⅡで教師にさらに期待されているのは、生徒に適切なカリキュラムを作り、生徒がいつ、さらに明確な説明を必要とするかを認識し、特定の学習ニーズや先行知識に取り組み、他の学問分野をカリキュラムに統合することです。レベルⅢでは、教師は広範囲に及ぶ内容に関する知識や指導法の知識を、生徒の学習ニーズや先行知識に対処するためだけではなく、潜在的な誤解を未然に防ぐために用います。教師は、内容を適切なものにすると同時に、授業と教科の領域とを結びつけます。[20]

ニューメキシコ州のレベルⅠ、Ⅱ、Ⅲに求められる能力

能力Ⅰ：教師は、内容領域と承認されたカリキュラムに関する知識を的確に示す

能力レベルⅠ：教師は、州の基準と承認カリキュラムを指導計画の基礎として用いる。学級の指導において、教師は内容知識、学習目標、指示、手続きを明確に示す。内容に関するコミュニケーションや相互作用において、話し言葉は明確で標準的であり、書き言葉は読みやすい。内容や生徒の年齢に合わせて正確な語彙を用いる。内容知識を生徒に示し、他の学問領域と結びつけることができる。

能力レベルⅡ：教師は州の基準と承認カリキュラムを進展させ、生徒によりふさわしいものを作成

する。教育活動の間に、内容知識、学習目標、指示、手続きを、正確かつかなり詳細に示す。語彙や書き言葉は明確で、適切なレベルである。生徒が指示やパフォーマンス基準にとまどうときを認識しており、それに応じて明確にコミュニケーションをする。全体として、能力レベルⅡの教師が持つ内容の表象は生徒の学習ニーズにふさわしく、生徒に自分の先行知識や経験とのつながりを与える。このレベルの教師は内容についての確かな知識を持ち、適切な場合に他の学問領域をカリキュラムに統合することができる。

能力レベルⅢ：教師は、生徒の先行知識や経験を基礎とした教育を提供し、潜在的な生徒の誤解を未然に防ぐことによって、州の基準と承認カリキュラムに積極的に基づいて進めていく。指示や手続きは明確であり、学習目標は明示的である。このレベルの教師が書いたり話したりする語彙は授業を豊かにする。カリキュラムの実行において、能力レベルⅢの教師は、広範囲に及ぶ内容知識を持ち、他の学問領域と結びつけるだけではなく、以前の授業かつ／または他の教科との明確なつながりを伝える。

この情報は、ニューメキシコの公立教育部門による 3-Tiered Licensure Performance Evaluation Handbook, Third Edition (2005) から抜粋。ニューメキシコ州公立教育部門が刊行した著作権フリーの文書。許可を得て引用。

教師を、ある免許授与レベルから他のレベルへ上げる決定は、書類査定と学区の昇進推薦双方に基づいて行われます。学区の推薦は、大部分を教師の毎年の専門性発達計画の一部として保存されているパフォーマンスの継続的記録

> 教師を、ある免許授与レベルから他のレベルへ上げる決定は、書類査定と学区の昇進推薦双方に基づいて行われる。

に依存しています。

地区の教師評価

地区の教師評価プロセスは、州の免許授与制度と足並みをそろえています。ニューメキシコ州では、次のように教師評価の目的を定めています。教師の長所を特定し、その上に積み上げていく支援をする／指導の改善のための基礎として役立てる／プログラムとカリキュラムの実行を強化する／説明責任と教師の質に取り組む／再雇用や昇進、解雇に関する決定を公正、妥当、かつ法的に行う裏付けにする、ということです。

地区も教師も、専門性発達計画を作らねばなりません。地区は、州の要件を満たす、書面による教師パフォーマンス評価計画を開発しなければなりません。それにはたとえば、基準と照らしてパフォーマンスを測定する評価手段や、授業観察などのデータ収集システム、フィードバック提供のプロセス、教師や管理者の訓練などが含まれています。授業観察は、ビデオや活動の筆記記録、ポートフォリオ、振り返りの日誌、教材などにより補完されます。

現在行われている形成的評価記録は、在職権やレベルII専門職免許に先行する、3年間のレベルI免許授与期間にわたって保管されます。書類は、指導や生徒の学習、専門的学習の領域における教師のパフォーマンスについての確実な情報を継続的に記録したものから構成されています。

各学年度初めに、教師の専門性発達計画（Professional Development Plan：PDP）が提出されます。教師と校長は九つの教師の能力に関して測定可能な目標を立てます。彼らは一緒に、目標（取り組む能力や指標など）、行動計画、観察可能な結果について明確に示す計画書面、そしてPDP（生徒の成績や学びの成長についての分析など）に関する振り返りの記録を作成します。校長はその年度の間、教師を観察し、教師は目標達成の証拠を集めます。その学年度の終わりまでに、教師と校長が会って、いかによくPDPが実行され、どの程度測定可能な目標が達成されたかを査定します。これにより、翌年の目標と継続的な改善のプロセスに向けた準備が整います。

そのプロセスはいかに教師や生徒の学習を改善できるか

サウスバレーアカデミーは、ニューメキシコ州の低所得層の村落にある学校ですが、生徒の学習に関する測定可能な目標に焦点を当てた、教師が行う実践的研究を促進するために、最近PDPプロセスを用い始めました。学校の評価制度を強化するにあたって、校長のジュリー・ラドスロヴィッチと、コンサルタントのシェリー・ロバーツは、州が意図した基準により合うように、教師にとって重要な目標に対する測定可能な生徒の学習の進歩を特定し、それらの目標に関してその年度にわたってデータを収集するアクションリサーチを行うプロセスを導入しました。[21] ジュリーは全米教職専門職基準委員会認定教師として、生徒の学習を実践の改善に関するレンズとして見ることがいかに有益であるかを理解していました。

この取り組みの中で、ジュリーは、州の階層的な免許授与プロセスが、より新任の教師の準備を強化してきたように思われると指摘しました。それは彼らが、指導や生徒の学習、専門的学習——初期免許（レベルI）を受けるために達成しなければならないプロセス——に関する証拠を明らかにするのが、次第に容易になるようだからです。さらに、ジュリーとスタッフは、「PDPプロセスを通して、教師と校長は州が求める証拠を自然に築いている」ことを見いだしました。

地区のこのPDPプロセスを、サウスバレーアカデミーの初任の科学教師で、化学の授業における語彙の教示に集中することにしたアンドレス・プラザの経験を通してたどることができます。理論的説明において、化学の語彙に挫折感をいだいている生徒の経験について述べています。

化学量論、はあ?? 滴定って何?? 次亜塩素酸ナトリウムって誰?? 化学は、単なる物質の相互作用に関する学び以上のものです。化学は他の言語を学ぶようなものであり、複雑な相互作用や物理的現象をコード化する言語です。そして、もしこの他言語を理解し、用いることなしに化学を勉強するのであれば、ブラジル人にスペイン語を話しているようなものです。ほとんど意味がありません。このように、いかに化学における学習を高められるかについて振り返るとき、内容領域以上のことを教えていることを思い出します。私は新たな言語を教えているのです。

2011~2012年のアンドレスの目標は、生徒の80パーセントが、すべての内容に関するターゲットスキルを理解するために必要な語彙を身につけることでした。前年度は、実験報告に必要なすべての内容に関する語彙を身につけたと報告できる生徒は58パーセントのみでした。アンドレスは、いかに語彙を伸ばすかについて、語彙構築に関する本について、語彙を教えているのを誰が観察すべきかについて、さまざまな部門の同僚とブレインストーミングを行いました。彼のPDP行動段階には、さまざまな方略を試すことも含まれていました。パワーポイントによる説明、実物を用いた活動、欄が2列あるノート、フラッシュカード、壁に貼り出した単語、アートポスターやゲーム（例：世界一周、マイルミニッツ）。その後、それぞれの内容領域における生徒の語彙スキル得点データを収集すると同時に、好きな語彙を身につける方略について、生徒に調査を行いました。

その年度を通して、スタッフは協働してPDP活動を行います。測定可能な目標、リソース、行動の段階、収集すべき教材について、仲間とフィードバックを与えたり受けたりします。また、生徒や方略、データの解釈についてのアドバイスを提供します。アンドレスは以下のように述べています。

こういう協働は、おそらくPDPプロセスの最も力強く有用な部分です。スタッフは生徒に見られる多くの学力格差に気づくようになり、それに取り組むための方法を見つけ、共有するために協働し始めました。私がそれまでに気づかなかったことが起こっていることに、他のスタッフが気づいたことが何度もありましたが、彼らがそう言うとすぐに、私は「そうです、私の生徒にもそういうことがあります」と言ったものです。多くの会合の中で、教師は共に流れに気づき始め、プロジェクトはより有意義なものになりました。PDPプロセスは、スキルの格差に私たちの一部が組織的に取り組むようにさせましたが、それは必ずしも内容に特有のものだけでなく、特に私たちの学校の全般的な学力不足に対する取り組みでもあったと思います。生徒の学習のための効果的な方略を共有するためのフォーラムを開催することで、学校のすべての教師が、他のすべての教師を向上させるのを助ける道が開かれます。他者のPDPのおかげで新たなことを始める人がいると、プロセスはより力強いものとなります。

アンドレスの最終的な考察には、各内容領域に関する語彙熟達得点の分布を示すデータが含まれており、どのスキルが習得され、どのスキルがもっとワークが必要かを見ることができます。彼は実行した語彙方略の分析と、14の教材（パワーポイントによる説明見本や、壁に貼り出した単語、アートポスター、実験報告、試験）も盛り込んでいます。彼の最終的な振り返りは、過去、現在、未来のPDP経験に触れていました。

2011〜2012年度のPDPは、私のサウスバレーアカデミーでの3年間の中で最もやりがいがありました。過去2年間、私は自分が専門としているトピックを選び、そのトピックの効果的な指導に焦点を当ててきました。最初の1年で、私は科学的な文章においてデータを伝え、用いる方法に焦点を当て、昨年はスキルを用いてデータ分析の深さを向上させる方法に焦点を当てました。しかし、今年、私は語彙指導に焦点を当てました。それは、私の教育においてまったく気にかけたことがなかったと同時に、指導方法の正規のトレーニングをほとんど受けたことがなかったものです。今年度の実験が終わったときに、学ぼうとした教育スキルをうまく実行していなかったかもしれませんが、効果的な教育方略に関する重要な教訓、そして生徒が語彙を学び習得していく方法について、より重要な総体的な教訓を得ました。私は翌年、語彙指導、そして生徒が苦労しているスキル改善のためのデータに基づくアプローチに引き続き焦点を当てていけるのを楽しみにしています。

教師が自ら継続的に成長するための計画を立て、生徒の学習を促進する新たな領域を目標にすることは、まさに効果的な評価制度が達成すべきことです。ジュリーは以下のように結論づけています。

> 私たちは複数の情報源から多様な証拠を用いて、体系的にその年の進展を記録することができる。

この3年間のPDPプロセスの経験によって、この実践者によるアクションリサーチ評価モデルが・・・フィードバックの文化を通して教師の向上に役立っていることを私たちは見いだしました。教師のパフォーマンスを育てると同時に、私たちは複数の情報源から多様な証拠を用いて、体系的にその年の進展を記録することができます。公平で透明なプロセスのもとに、学級内で生じる生徒の学習の証拠を効果的に用いることによって、私たちは教師の質を査定することができます。

第4章 基準ベースの地方評価システムを構築する

評価プロセスが、すべての関係者にとって重荷となる膨大な事務作業を生み出す観察だけによるのではない地区で働いているのは幸運なことです。自分の実践を振り返り、同僚と意義深い方法で協働し、生徒の学習を向上させる機会が与えられています。それが重要なんです。[1]

——リン・フォーミグリ、全米教職専門職基準委員会認定資格理科教師、サンタクララ統一学区、カリフォルニア州

> 地方学区の教師評価システムが、州の免許授与と認定のシステムと同じ基準を基盤とし、査定と発達の連続体として概念化されれば、両者が一体となって教師の学習と成長を強化することができる。

第3章で見たように、地方学区の教師評価システムが、州の免許授与と認定のシステムと同じ基準を基盤として、査定と発達の連続体として概念化されるなら、両者が一体となって教師の学習と成長を強化することができます。サウスバレーアカデミーの評価プロセスは、ニューメキシコ州の三層の免許授与システムに組み込まれており、生産的アプローチの例です。それは以下の三つの要素に基づいて

います。

1　基準ベースの実践の評価

多くの州で採用されているINTASC（州間新任教師査定・援助連合）によって開発されたような、効果的実践を記述する研究ベースの基準に基づいており、評価は、教室の実践の観察やビデオテープと共に、教師の計画、課題、生徒の学習課題への取り組みの典型事例の証拠を含む。

2　生徒の学習に対する教師の貢献の証拠

これらの証拠は、教室での査定と記録、生徒の学習課題への取り組みの典型事例、そしてカリキュラムや教えられる生徒にとって妥当で適切な場合には、その他の学校、地区、州、国のテスト等の多様な情報源を用いて評価されるべきである。

3　同僚や学校全体の仕事に対する教師の貢献の証拠

生徒の学習の進歩は、教師たちの協働的努力によるものであるから、評価は、生徒の成功を促進するために同僚、保護者、生徒と共に行った仕事、カリキュラム発展への貢献や学校向上への率先した取り組み、より広い専門的学習への関与を含めるべきである。

サウスバレーアカデミーの評価プロセスが示すように、以上の三つの要因は、切り離されることなく、相互の関連において、また、教育の文脈との関連において検討されるべきです。第5章で議論するように、これらの相互依存的な要因がどのように互いに影響しあうかを理解し、理にかなったし

図4・1　教師と管理者の評価枠組み

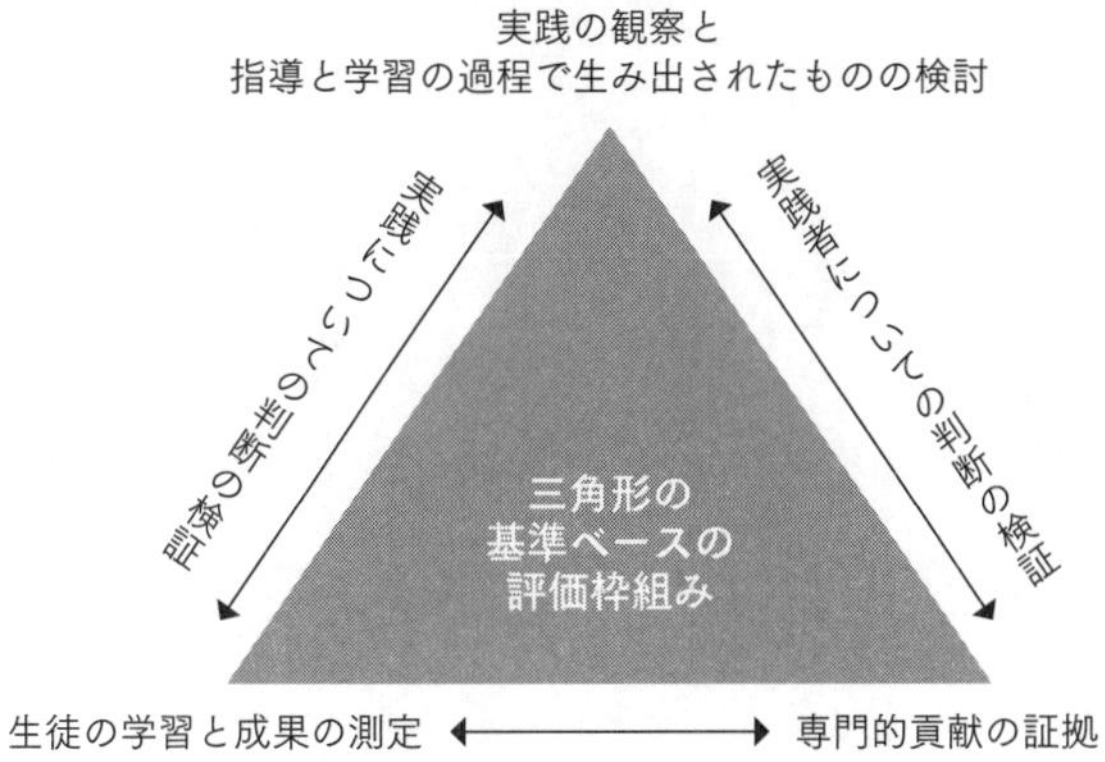

かたで教育についての情報を与えるためには、統合的なアプローチが必要です。マサチューセッツの教師連合によって開発された教師と行政担当者の評価枠組み[2]（図4・1）に示唆されるように、実践の観察、生徒の学習の証拠、専門的貢献の証拠は、教師発達のプロセスが基礎を置く三角形のスツールで表されます。

> 実践の観察、生徒の学習の証拠、専門的貢献の証拠は、三角形のスツールで表される。

本章では、この枠組みの三つの要素が生産的な評価システムにおいてどのように作用するかについて論じます。教師評価に生徒のテスト得点――特に、付加価値法によって測定された成績向上――を用いることに強い関心が向けられているため、第5章では、こうした測定の可能性と短所について、さらに十分な検討を行います。

基準ベースの実践の評価

基準ベースの実践の評価は、通常、一連の専門性基準に関連した教育の有効性に関する指標を提供する、組織的な観察プロトコルに導かれます。カリフォルニア州サン・メテオ高校学区の例に見られるように（次ページ囲み参照）、基準は、研究によって生徒の学習との関連が示されている実践を記述するもので、観察と教師へのフィードバックの指針として十分な程度に具体的です。プロトコルは、学級経営、カリキュラムの計画、内容知識と指導法といった多数の次元に関して教育を検証し、生徒の学習を査定し、生徒のニーズに応じた教授法を識別します。サン・メテオの場合もそうですが、カリキュラムの単元と授業計画、生徒への課題の例、教師のフィードバックを添えた生徒の学習課題への取り組みの典型事例など、他の形態の実践の証拠を含める場合もあります。

> 基準ベースの観察を教師へのフィードバックを行いながら頻繁に、巧みに用いることは、生徒の成績向上と有意に関連することが研究によって見いだされている。

こうしたプロトコルは、教室において重要だと考えることを個々の評価者が決定できる、制約のない形式とは異なります。また、旧式の行動主義的アプローチ、たとえば、「掲示板が整理されている」「教師はきびきびとした指示のペースを維持している」「目標が黒板に掲示されている」といった、学習を支えるかどうかわからないような個々の教師行動を列挙するものとも異なります。

基準ベースの観察を教師へのフィードバックを行いながら頻繁に、巧みに用いることは、このプロセスが教師の実践と有効性を向上させるため、生徒の成績向上と有意に関連することが研究によって見いだされています[3]。こうした評価は、教室においてリアルタイムで生じるということ以外は、詳細に規定された教育の基準に照らした実践の査定に基づくという点で、すでに述べた教師のパフォーマンス査定と非常によく似ています。

カリフォルニア州サン・メテオの基準ベース評価

カリフォルニア教職基準は、カリフォルニアの教員免許授与の指針となるだけでなく、多くの地区の学区における評価システムの指針となっています。基準は、以下の領域に取り組むものです。

1 すべての生徒の学習にかかわり援助する
2 生徒の学習に対する効果的な環境を作り維持する
3 生徒の学習に対する主題を理解し整理する
4 すべての生徒に対する教育を計画し、学習経験をデザインする
5 生徒の学習を査定する

6 専門的な教育者として発達する

各基準は五つの下位カテゴリーを含みます。サン・メテオでは、指導者の観察と各基準について収集された証拠の両方に基づいて、「満たしていない」から「模範的」までのレベルを持つルーブリックを用いて評定されます。特定の基準についての評価者の観察を補うために、授業計画、課題、生徒の学習課題への取り組みの典型事例、テスト得点、生徒の学習に関する他の証拠、生徒の自己評価、生徒や保護者とのやりとりや評価、それらと／または教室の実践のビデオテープといった証拠を含めることが推奨されます。[4] 1番目の基準の例は以下のようなものです。

1 すべての生徒の学習にかかわり援助する

要素	満たしていない	満たしている	達成している	模範的
1・1 教師は学習目標を達成するにあたって、生徒の事前知識、生活経験、興味に基づいている。	学習目標と生徒の事前知識、生活経験、興味との間に限定的なつながりしか形成していない。授業中、生徒に質問や発言を促していない。	学習目標と生徒の事前知識、生活経験、興味との間に基準を満たす程度のつながりを形成している。生徒の理解をモニターするために、授業中に生徒からいくつかの質問を引き出している。	学習目標と生徒の事前知識、生活経験、興味との間に実質的なつながりを形成している。生徒の理解を拡張するために、授業中の生徒の質問や発言を引き出し、活用している。	すべての生徒が事前知識、生活経験、興味を新しい学習と学習目標の達成に結びつけるための方略を用いている。授業中の生徒の質問や発言に基づいて、教授法を修正している。

1・2　教師は生徒の異なるニーズに応じるために、多様な教授方略やリソースを活用している。	限定された教授方略しか使用せず、多様性に欠けており、うまく実行できていないか、生徒や教授目的にとって不適切である。生徒のニーズに応じた調整がほとんどなされていない。	生徒や教授目的にとって、概して適切な教授方略を選択し、使用しているか、多様性に欠けるか、生徒のニーズを満たしているとは言えない。	生徒と教授目的にとって適切な、多様な教授方略を使用している。教師はこれらの方略を思慮深く実行しており、生徒のニーズに応じて何らかの修正を行っている。	生徒のニーズに応じて教えながら、調整を行い、すべての生徒が学習に関与するような、広いレパートリーの教授方略を巧みに使用している。
1・3　教師は、自律、相互作用、選択を促す環境において、すべての生徒の挑戦的な学習経験を促進している。	自律、相互作用、選択の許可は限定的であり、多くの学習経験を管理している。	ある程度は学習経験を管理し、ある程度は自律、相互作用、選択を許可している。	自律、相互作用、選択を促す学習経験を促進し、生徒が学習に関与することを励まし、支持している。	生徒が多様で建設的な相互作用において協働する機会を提供している。重要な学習を追求する中で、自律や選択を促す環境を提供している。

サン・メテオでは、すべての教師が、基準に照らした継続的フィードバックを得ています。教師は特定の基準との関連で毎年目標を設定し、その目標に向けた進展の評価に利用できる証拠を特定します。評定は将来のフォローアップの程度を決定します。「満たしていない」という評定が二つ以上の教師は、同僚間援助・点検プログラム（第6章でさらに議論します）に参加し、熟達教師から集中的指導と継続的評価を受けます。その年度が終わる前に、教師と管理者の両方によって構成される委員

会により、雇用継続か解雇かの決定が下されます。サン・メテオのヒルズデイル高校の教師、グレッグ・ジュリスは、基準ベースのシステムへの移行によって、教師評価が自分のような教師にとってより意義深いものになったと述べています。

評定は将来のフォローアップの程度を決定する。

私にとって、このシステム以前の評価は完全に意味のないものでした。それは、1回か2回きりといったものでした。基礎となる基準はありませんでした。成長の感覚もまったくありませんでした。特にベテラン教師として、新しいシステムの気に入っていることの一つは、自分が焦点化したい基準を選べることです。このように伝えることができます。「私はこれに取り組みたいのです。これが私を悩ませていることです、あるいは、私がもっと取り組みたいことはこれです。」私は、自己評価を行い、自分が取り組みたいことについて考えられるところが気に入っています。だから今年は、卒業プロフィールに関するルーブリックに取り組んでおり［パフォーマンス査定に基づく、卒業生に対する学校プロジェクトの一部］、それが私の評価の焦点の一つです。そして私が焦点を当てたい内容領域があります――それは基準3です…CSTP［カリフォルニア教職基準］を活用するのがよいと思っています。なぜならこの基準を見れば…つまり、これらのことをすべて実現できれば、すばらしい教師になることができるでしょう！　それは困難なことです。でも、より広い意味で教育とは何かについてよりよい感覚を与えてくれます。

ジュリスはまた、評価システムの修正によって、システムの各部分の間により一貫性がもたらされただけでなく、実習生の教育から初任時の教育、さらに継続的な発達へと向かう連続体にも、より一貫性が生み出されたと述べています。

私たちは、文化を変えなければならないということと、評価が専門性発達の一部であるべきだということに気づきました。これは、同僚間援助・点検プログラム法案が通過し、[新しい教師初任者研修プログラムが] 実行されつつあったときに起きていました。そこで、評価に関して私たちがしていることを [これらのプログラムに] 結びつけることができれば、共通の言語、共通の基準のシステムを持ち、その評価を専門的発達につなげることができると気づいたのです。

それはよいデザインですし、実習生が [就任前の教師教育プログラムにおいて] 受けていることとつながっています。なぜなら、それは基準と関連していて、ポートフォリオを作ること、自己を振り返ること、成長の領域を探すことだからです。

ヒルズデイル高校の新任教師たちは、このシステムが養成プログラムからの学習を継続し、強化するものだと確信しています。英語教師のサラ・プレスは、次のように述べています。

CSTP（カリフォルニア教職基準）は、STEP（スタンフォード教師教育プログラム）の教師養成の一部で、ヒルズデイル高校における評価ルーブリックの一部でした。そのため、この基準は、私たちが知っていて理解しているもので、本当に安心できるものです。これは教職における重要な試金石となっています。私たちはこの基準をとても長く活用しているため、内在化しており、実際にこの基準に基づいて自分の実践における成長を見てゆくことができています。

基準ベースの評価システムを使用している三つの地区における研究で、教師の評定は生徒に対する有効性と関連しており、教師が継続的なフィードバックを受けながらそのシステムに取り組むのに伴い、教師有効性が向上することが見いだされました。[5] 研究対象の学校と地区において、教師の形成的・総括的査定は、熟達した評価者による頻回の教育の観察、観察の事前・事後のインタビュー、時には、授業計画、課題、生徒の学習課題への取り組みの典型事例といった、実践に関する明瞭な基準に基づいていました。

> 基準ベースのシステムにおいて、研究者は教師の評定が生徒に対する有効性と関連しており、そのシステムに取り組むのに伴って教師の有効性が向上することを見いだした。

ヒルズデイル高校の例では、うまく実行されたとき、このプロセスがいかに教師の学習につながるかを容易に見ることができます。この学校の三つの小規模学習コミュニティの一つの責任者であるジェフ・ギルバートは、このシステムがどのように機能するかについて、次のように述べています。

［このシステムを作りだす際に］チームが行った最高のことは、私たちが見る基準を真に明確にし

たことです。基準はCSTPに基づいており、ルーブリックは、教師の仕事の最重要事項に触れるのに十分な程度に幅広いと同時に、非常に具体的です。プロセス全体を開始するのに非常に使いやすいルーブリックになりました。教師たちは、この地区での最初の2年で公式に評価され、その後は、基準を満たせば、同じ基準とルーブリックを用いて、「簡易」評価になることが期待されます。4年ごとに再度完全な評価が行われます。そのため、完全、簡易、完全、簡易、完全のパターンになっています。

教師が焦点化する二つの基準のうちの一つを、「管理者として」私たちが提案することができます。六つの基準のうちの6番目である「専門的責任」は自動的に選択されます。「私たちが常に問うのは」専門的発達とコミュニティへの参加の点でどのようなことをしているかということです。それから、教師はさらに二つを選びます。私たちは、通常、どの基準が最も役に立つかについて指導します。そのため、たとえば、新任教師のひとりと評価協議をしたとき、私は彼女に生徒への関与と教育の実践の基準を勧めました。なぜなら、これら二つが彼女のパフォーマンスに最も強い影響を与えるように感じたからです。私たちはそのことについてよく話し合い、彼女はこれらの基準は焦点化に適切だと同意しました。より経験のある教師の場合は、通常、入ってきてこう言うでしょう。「こんにちは、私は、この基準にぜひ焦点化したいです。」それでよいのです。

「教師たちは」自己評価を行います。これがプロセスの初めの段階です。ルーブリックを用いて評価をし、基準における強みと弱みを記述し、それを私に送ります。今年は初めて、ほぼ半数の教師がグーグルドキュメントを使用して私と共有しました。私がコメントをつけ、彼らがコメントを返し、本当の意味で、自己評価書類を共同で作成しています。実際に、私はクラスで座りながら、いくつかの質問を彼ら自身の言葉を用いて、イタリック体にしてグーグルドキュメントに打ち込むと、彼らはリアルタイムで、なぜそうすることを選ぶのか、生徒が理解しなかったらどうするかについて返答することができます。そのため、これは生きた書類なのです。この自己評価の書類は、1年間にわたるフィードバックのための基礎となります。

私は、2週間ごとに教師の元に向かいます。そのため、10月か11月の公式評価までに、すでに4回ほどは教室に行っていることになります。つまり、それはほとんど驚くようなことではないということです。いきなり入っていって、それが私の最初の訪問になるというようなことはしません。それは、生徒と教師の両方の不安を低減します。私が受けた管理者資格プログラムの印象的な一節は「あなたが評価を行う評価者であるとき、あなたにとって、その評価はただ、他と同じもう一回のダンスです。教師にとっては、それはプロム〔訳注：卒業記念ダンスパーティ〕のような一大事なのです。」というものです。不安がある、それが評価なのです。私が、「こんにちは、ちょっと立ち寄っただけです。先週も来たけど、今回は少しだけ長くなります」というふうになれれば、それがよいです。

最初の公式評価は、授業時間全体と、事後の1時間の報告を含みます。私が見たことを共有し、自己評価——彼らが自分自身をどのように見ているかということですね——について話し合います。それから私たちは査定の書類を試しに作成し、修正します。公式評価では、評価記述に、訪問において見たことのすべてを含めます。そのため、すべて妥当で累積的なものになります。私たちはショーにしたくはないのです。ただベストの状態の彼らを見たいわけではないのです。1年にわたって15回も訪問すれば、ベストの彼らも見るでしょうし、悩み苦しんでいるときも見るでしょう。そしてその悩み苦しんでいるときこそが、彼らの成長を助けることができるときなのです。

教師たちは、こうした評価アプローチが有益だと気づいたと述べています。彼らは校長と同僚の両方に学習の支援を受けていると感じています。サラ・プレスは、次のように言っています。

私たちは、教師として思考を前に推し進めるために評価が必要です。価値があり…教育者であることの一部です——より向上できることを知る必要があります。ここで設定されている方法は、私たちが悩み苦しんでいることを隠すのではなく、「どうぞ入ってこのクラスを見てください。私は本当に悩み苦しんでおり、あなたからのフィードバックを利用できるかもしれません。」というようなことです。ここでの評価は、賞賛と改善の手段です。私たちはうまくいったことと改善できそうなことについて話します。私たちは失敗一般について異なる態度を持つのです。

彼女の同僚のカール・リンドグレン－ストレイチャーは、同じ教師教育プログラム出身の新任の社会科教師ですが、この見方に同意しています。

ここでは、リスクを取ることができるので、私は教師として大きな自信を持っています。ここには多大な信頼があります。子どもたちにとって最もうまくいくと自分が考えることに基づいて変化や修正を行う裁量を持っています。校長に考えをぶつけることができますし、彼女はそれを進めるように言うでしょう。そして彼女は状況を聞き、相談役になってくれます…私は、授業を失敗したいとさえ思います。そうすれば、授業を分解して分析して、どんな間違ったことをしたのか、次に改善するために何ができるのか見えるでしょう。奇妙に聞こえるかもしれませんが、本当なのです。

サラもカールも、また、学校の職員が、個人的、共同的な実践を高める同僚チームとして働いているという事実を強調しています。基準6の「専門的な教育者として発達する」は常に求められる目標であるため、学校と評価システムにとって基本的な価値です。この基準は教師に、実践を振り返り、専門的学習に積極的に従事すること、生徒のニーズを満たすために地区のコミュニティについて学び、共に働くこと、学校の質を向上するために同僚と共に積極的に働くことを求めます。

ヒルズデイル高校において、教師たちは小規模学習コミュニティの中で学年レベルのチームメンバーとして働き、カリキュラム計画と生徒の個々のニーズについて話し合う、計画の時間を共有しています。協働的関与は採用プロセスの一部であり、評価の重要ポイントです。サラは次のように説明しています。

それは面接プロセスで始まります。協働と向上という私たちの文化の考え方を受け入れず、足並みをそろえないなら、その人は適任ではありません。適任ではない人たちが存在していましたが、何らかのかたちで自ら退職することを決めました。そのようなかたちで目立ちたくはないでしょう。また、私たちはよりよい教師になるための時間が与えられており、常に共に働くチームを持っています…

ヒルズデイルでは、よい教師であることの重要性は組織的なことです。私たちは互いに責任があると考えています。何かがうまくいかないならば、変化を受け入れることに開かれています。それが評価システムをうまく動かすポイントなのです。結果を出さない教師、生徒を考えさせない教師、継続的に向上しない教師には誰もなりたくないのです。

専門的貢献

以上のコメントが示唆するように、学習の組織である学校では、自分自身の発達に関与することと同じくらい、学校全体の学習と向上に関与することが重要です。このように、三脚のスツールのもう一つの脚は、教師がその学校の教育の一般的向上に関与することです。

協働の重要性

教育者間の協働は、ただ他の教師と共に働くことがよいことであり、学校をより心地よい場所にするという理由からだけではありません。実際、成果を上げている学校は、業績のよいビジネスと同様に、お互いの知識やスキルを活用できるように人々を組織化しており、全体は部分の和よりもさらにすばらしいのです。

最近のある研究で、経済学者が、教師チームの共同的な専門スキルによって生成される生徒の学習向上を数量化することができました。最も大きな付加価値の向上は、より経験豊富でよりよい資格を持つ教師と、学校内でチームとして一緒に働く教師に求められることを見いだしました。教師の小集団内での同僚間の学習が、経時的な生徒の成績向上の最も強力な予測因子でした。[6] もう一つの最近の研究では、学校向上のための教師の協働レベルが高いほど、数学と読解において生徒はより高い成績を達成することが見いだされました。[7] これは、教師たちがその分野や学校においてより一貫したカリキュラムと実践を作り上げるからであり、互いの向上を助けるために方略や洞察を共有できるからであるのは疑いのないところです。

> 教師の小集団内での同僚間の学習が、経時的な生徒の成績向上の最も強力な予測因子であった。

そのため、国内の90パーセントを超える教師が、自身の有効性に同僚が貢献していると報告しているのも驚くことではありません。[8] 教師についてデザインされた、組み立てラインの異なるスポットで孤独に作業する孤立した工場モデルのシステムとは対照的に、教育はチームスポーツです。成功した学校が成果を上げられるのは、スキルと能力を正しく混合し、人々が協働できるようにしているからです。

結果として、評価システムは、教師が同僚や学校の仕事を支援する方法についても考慮に入れることが重要です。こうした貢献には、カリキュラムの開発と共有化、仲間による観察、助言、指導を通じた同僚の支援、学校向上の取り組みにおいて指導的役割をとること、保護者支援にかかわること、

> 評価システムは、教師が同僚や学校の仕事を支援する方法についても考慮に入れることが重要である。

学校チームがより効果的にするその他の多様な活動が含まれます。シンガポールや他の多くの国々では、こうした同僚間の活動が教師評価において大きな比重を占めており、リーダーシップの証拠として見なされ、教師の昇進の道筋の一つに位置づけられています[9]。

学校全体の目標に対する貢献を認識し、査定する

学校全体としての仕事に対する教師の貢献には、特定の知識とスキル、共有化された教育実践や特定の生徒の支援に対する関与、同僚間の学習と学校向上への支援も含まれます。

知識とスキル

学校は、カリキュラム決定への情報を得たり、生徒のニーズを満たしたりするために、職員間の知識、スキル、能力を合わせる必要があります。資格認定された領域において一般的に獲得される内容と教育学の知識とは別に、英語学習者や特別教育を受ける生徒の指導に関する専門知識が強く求められるかもしれません。生徒だけでなく保護者ともコミュニケーションするために、家庭で生徒が話している言語に関する知識も重要です。それは教師が子どもや家族とかかわったり、同僚がそうすることを助けたりできれば、とりわけ有用です。「リーディング・リカバリー」〔訳注：読み書き能力の低

い5~6歳の子どもたちを対象とした、学校を拠点とした短期間の介入プログラム」や探究ベースの理科といった、特定の教育スキルの使用に熟達することは、生徒と同僚の成功を拡大する支援となるので、特定の文脈では重要でしょう。

> 直接的に生徒のテスト得点に基づいて教師を評価し報酬を決めようとする努力は、意図しない機能不全の結果を生み出すことがある。

教師の知識とスキルを認識することは、直接的に生徒のテスト得点に基づいて教師を評価し、報酬を決めようとする努力とは対照的です。後者は、次章で述べるような、多くの意図しない機能不全の結果を生み出すことがあります。オッデンたちは、次のように述べています。

> 知識とスキルベースの報酬システムは、賃金を教師に望ましい知識やスキル（その延長でパフォーマンス）と結びつけるメカニズムを提供する…教育における知識とスキルに基づく賃金という概念は、民間企業から採用されたものである。民間企業は、労働者に新しく、より複雑で、雇用者ごとに特有のスキルを獲得することを推奨するよう発展してきた。知識とスキルベースの賃金は、被雇用者の成長と発達に価値を置く組織文化を強化し、専門的能力の拡大と結びついた明確なキャリアパスを作りだすことを意図している。[10]

オッデンたちは、知識・スキルベースの評価と報酬のプランのいくつかの例を提供しています。[11] たとえば、

- ロードアイランドのコベントリでは、全米教職専門職基準委員会認定資格に対する俸給と、教師が真正の指導法、自己の振り返り、個別的な教授法、家族や共同体への関与を発達させることへの俸給を提供している。すべて、研究によって生徒の成績への関連が見いだされてきた方略である。
- コロラド州のダグラス・カントリーでは、生徒の査定や多様な学習者の教育といった、地区の目標と関連した課程の単位を終了したことに対して、報酬を提供している。
- カリフォルニア州ロサンゼルスのチャータースクール、ヴォーンラーニングセンターでは、リテラシー研修、第二言語としての英語教育に関する研修、特別教育を必要とする生徒の統合に関する研修、テクノロジー研修といった、学校の使命に関連する学位や認定資格、特定の知識やスキルに対して、報酬を提供している。

共有化された教育実践

学校がより一貫した教育へのアプローチを提供しようとする際、特に生徒の成績に正の影響がある実践を共有するよう教師に促す必要があります。たとえば、生徒へフィードバックを提供する形成的評価の使用、生徒が学習課題への取り組みを修正する機会の提供は、生徒の学習成果を大きく向上させることが、多くの

> 学校は、特に生徒の成績に正の影響がある実践を共有するよう教師に促す必要がある。

研究において見いだされています[12]。また、読み、書き、数学的問題解決に関して特定のメタ認知的方略を教える教師は、生徒の複雑なスキルの学習を向上させることが見いだされています[13]。さらに、英語学習者への特殊な教育スキルを発達させた教師は、こうした生徒に対してより成功を収めています[14]。

学校全体、あるいは地区規模の目標に関連した、特別な新しい実践を実行していることに対して教師が評価を受けるシステムもあります。教室間に共通するリテラシー実践の活用、教育を計画し修正する際の形成的評価の活用、文章作成教育の新しいシステムの実行などです。可能な場合は、その変化が生徒の参加と学習にどのように影響したかの証拠と共にこうした実践が文書化され、専門的貢献が直接的に生徒の学習と結びつけられます。特定の教育実践に加えて、教師は定期的な保護者会や家庭への電話によって生徒の出席や宿題の完成をいかに向上させたかについて記録するかもしれません。こうした点での生徒の変化の証拠だけでなく、評点の向上や卒業率の増加といった成果も示すかもしれません。こうした効果的教育実践の測定を活用する理由は、教師の発達を支援し、生徒の学習のための条件を向上させるからです。

同僚間の学習と学校改善のための支援

先に述べたヒルズデイル高校の例では、教師がいかにチームとして、同僚職員の一員として、すべての生徒の学習向上のために継続的に努力し働いているかを見ました。教師が、各ハウスの学年レベルのチーム（たとえば、それぞれ約４００人の生徒のための小さな学習コミュニティ）で、カリキュラムや生徒の懸案事項について議論するために、協働の時間を持てるようにシステムに組み込まれています。たとえば、最近の会議で教師たちは以下のことについて話し合いました。

- 生徒の評点と生徒の向上を援助する方法
- 特定の生徒の学業成績と行動上の問題
- カリキュラム横断的な単元を含む、今後の単元
- (生徒に成長という考え方を形成することのような)助言上のトピックを日常の教室活動に導入する方法
- 生徒が携帯電話やコンピューター上にフラッシュカードを作成できるアイフォンアプリを使うコツを学び、学習ツールとしてクラスで他の人と共有する
- ある授業ではパフォーマンスが低く、他のクラスではそうでない生徒の動機づけの発見
- 放課後に残ることが難しい生徒の自習時間を援助する方法
- 評点確認シート
- 宿題と今後のプロジェクト

この文脈においては、同僚の経験から学ぶことや、共同で実現される計画に必要なフォローアップにかかわることなど、教師がチームの協力に加わることが明確に期待されています。評価プロセスでは、この参加と遂行の両方と共に、進んで他者から学び、他者の成功に貢献することへの証拠を記録します。

教育チームの仕事を正式に評価プロセスに含めることも可能です。たとえば、ニューヨーク州のロチェスターでは、優良な教師は、「教師のためのパフォーマンス評価審査（Performance Appraisal Review for Teachers: PART）」と呼ばれる合議システムによる評価を選ぶことができます。PARTは1987年にロチェスターで取り決められ、同じ学校から、あるいはいくつかの学校から教師集団を選び、教育と学習の改善に関連した年間のあるいは複数年のプロジェクトをデザインし、自分たち自身の目標を設定し、個人の実践者としてだけではなく、教育チームのメンバーとして評価されることが可能になっています。これは、教師の協働を促し、教師の査定を教師の日々の実際の仕事の現実の文脈に置くものです。PARTはまた、革新、学際的アプローチ、プロジェクトベースの学習、パフォーマンスベースの査定、教師の共同的実践の前進を促進しています[15]。

生徒の学習の証拠

三脚のスツールの三番目の重要な脚は、生徒の学習の証拠です。評価プロセスの過程で、生徒の学習を教育との関連で検討することは重要です。このための方法は、次章でさらに詳述するように、生徒の学習向上についての証拠を系統的に収集することから、教師の発達プロセスの有機的な一部として、生徒の学習向上を目指した学習課題を組み込むことまで、数多く存在します。後者のアプローチは、サン・メテオのヒルズデイル高校において現在焦点が当てられている方略です。これは、教師が実践を向上する多様な方法が支持されているという強い感覚を持つことに貢献します。責任者のジェフ・ギルバートは、この側面の評価に学校が現在取り組んでいることに関して、次のように述べています。

生徒の学習課題への取り組みと証拠は…地区レベルにおいても、私にとってはこの学校においても、焦点となっているものです。このシステムは、教師たちが二つの基準についてポートフォリオを作成するように設定されています。そのため、教師が基準の一つとして査定を選ぶと、彼らは査定を集めてそれを私に示します。ここヒルズデイルで推し進めてきたことは、教師と私が共に腰を据えて分析するための、特定の教育的出来事、瞬間、生徒の学習課題への取り組みにいかに焦点を当てるかということです。私たちは生徒の学習を向上するために多様な方略を用います。

たとえば、ある教師が科学における特定の生徒集団のパフォーマンスを心配し、その授業を落第するのではないかと懸念していると、最初の観察の後で知ったとしましょう。私にとってのアクションプランは、その生徒たちとフォーカスグループを行い、彼らと話し、ノートを取ることです。私は子どもたちに「何がうまくいって何がうまくいかないか、あなたたちが成功する助けとなることは何か、何が助けとならないかについて、あなたたちから情報をもらいたいのです」と話すでしょう。それからその教師と共に座り、それはこれが彼女の評価目的とつながっているからですが、フォーカスグループについて振り返ります。ここから、私たちは彼女の実践の変化を導くいくつかの段階を作ります。彼女がポートフォリオの中のたくさんのものを取り上げて、それを私に見せるようにするのではなく、私たちは1時間で、こうしたより焦点化した話し合いを行うことができます。それは、振り返りのミーティングのフォローアップともなるものです。

もう一つの例として、基準5の査定に取り組んでいる教師がいます。彼女は公式・非公式的のすべての査定を『蠅の王』の単元に関して集めています。私たちは腰を下ろしてそれを検討し、彼女にこう言うでしょう。「これがこの査定で私が見ているものです。あなたはこれを測定しているようです。それがあなたの意図だったのですか?」最初の話し合いでは、彼女が尋ねたいくつかの質問について検討しました。その後、私たちの話し合いが進むにつれ、彼女は、もしルーブリックを用いて測定していたのであれば、ルーブリックの最高レベルに到達するために必要なことについて、生徒に十分に明確にしていなかったという結論に達しました。そのため、生徒はそこに到達する前で止まってしまっていました。結果として、生徒が必要なものを得たかどうか、定かではありませんでした。彼女は、「この質問には欠陥があると思います。私が求める種類の答えを引き出すのに十分よい質問になっていないと思います。生徒がそれをわかっているか、確信が持てません。」と結論づけました。それはすばらしい瞬間であり、私たちはこの点に取り組んでいきたいと思います。

> 教師が取り組みたいと思う領域を一度特定すれば、より焦点化した証拠を集めることができる。

教師が取り組みたいと思う領域を一度特定すれば、解決しようとする問題や、発展させようと思う領域と関連した生徒の学習について、より焦点化した証拠を集めることができます。この証拠は、その年度を通じた評価プロセスの一部となると同時に、年度の終わりには、さまざまな種類の専門的学習を促す手段ともなりえます。評価者は、このプロセスの促進役でもあります。ギルバートは次のように述べています。

評価プロセスにおける私の仕事は、彼らの目標に向けた発達へのいくつかの選択肢を提示することであると感じます。仲間による観察もできるし、授業研究もできます。また、生徒の学習課題への取り組みの分析もできます。そこに、高い・中間・低いパフォーマンスの典型事例と共に課題を持ち込み、なぜ生徒が異なるレベルでパフォーマンスを示すのかについて検討しようとします。私にとっては、これが、今私たちがしている中で最も刺激的なことです。このことが、評価プロセスにおいて生徒の成果とワークを検討する方法を、より洗練されたものへと転換するのです。

この種の作業は、多くの地区では比較的新しいですが、アリゾナ州の昇進プログラムの一部となっている地区においては20年以上もの間行われてきています。このプログラムでは、学習の証拠を収集する指針として教師の目標設定が主要な役割を担っており、革新的な評価と報酬の計画を策定する動機づけを州に提供しています。参加している地区は、教育の有効性を確認するために、長い間生徒の学習データを活用してきました（囲み「アリゾナ州アンフィシアターにおける生徒の学習の証拠の活用」参照。これらの地区の一つを記述しています）。地方学区によって作られたシス

生徒の学習の証拠が、教室の観察を通じた基準ベースの教育評価の証拠や、教師のスキルや実践の証拠といった他の証拠と組み合わされる。

テムのすべてにおいて、生徒の学習の証拠が、教室の観察を通じた基準ベースの教育評価の証拠や、先述したような教師のスキルや実践の証拠といった他の証拠と組み合わされます。

アリゾナ州の昇進プログラムに関するある研究では、参加する教師の以下の能力が徐々に向上することが示されました。

- 教室における生徒の学習向上を査定するツールの作成
- 事前・事後テストの開発と評価
- 芸術、音楽、体育といった「数量化するのが困難な」領域において測定しうる成果を定義する
- アクションプランとの関連で生徒の学習向上をモニターする

また、以下のことも示されています。

- 健全なカリキュラム発展の重要性への気づき
- 明確な目的に基づいてカリキュラムを配置すること
- 質の高い内容、スキル、教育方略への焦点化[16]

アリゾナ州アンフィシアターにおける生徒の学習の証拠の活用

20年以上前、アリゾナ州は、部分的に生徒の学習の証拠に基づく評価と進歩を基礎とした昇進段階を発展させるよう、地区に動機づけを与えました。これらの地区の一つアンフィシアターは、いくつかの方法で生徒の学習の証拠を教師が分析する構造を作りました。

はじめに、教師は、最初の達成度と州の基準に基づいて、生徒のための1年にわたる目標を設定します。それから、これらの一つ以上の目標について、事前査定、中間査定、年度末査定に使用できる査定ツールを選びます。評価において、教師はこれらの査定のコピーと、個々の査定に関するすべての生徒の生徒の結果をリスト化したデータ紙を提出します。これらのデータはさらなる分析の基礎となります。年度の初め、中間、終わりに、教師は以下のような質問に答えます。

1　査定から、生徒の結果について考えてください。

a　あなたの目標に関連して、生徒の強みと弱みがある領域を特定し、記述してください（事前査定）。

b　生徒が期待より後退した、同じレベルだった、成長した理由を特定してください（中間・年度末査定）。

2　三つのグループ（成績が高い・中間・低い）における生徒の結果を検討して、各グループの達成度を向上するために用いる教育実践を説明してください。

3　生徒は査定の結果をさらなる学習にどのように活かしますか（たとえば、生徒による目標設定や振り返りなど）。生徒達成プランに説明されている21世紀型スキルの証拠となる、生徒の学習課題への取り組みの典型事例を三つ含めてください。「生徒の学習課題への取り組みの典型事例カバーシート」と共に、質の高い、中間、低い結果の生徒のワークを提出してください。

4　成長を示さなかった生徒、成長の目標を達成しなかった生徒、成長の目標を超えた生徒に対してとられる特定の行動について記述してください。介入とは、有意な成長を示さなかった生徒に対して学習を個別化するためにとられる行動です。拡張とは、年度末までに成長目標を超えた生徒に対してとられる行動です。

生徒の成長に関するこれらのデータと振り返りは、教師が継続しようと計画する活動や、生徒の学習に期待される影響、そうした影響を評価する証拠を概説する専門的成長計画と共に、教師のポートフォリオの一部となります。さらに、昇進段階を進もうと望む教師は、協働的アクション・リサーチ・グループを主導し、参加しなければなりません。そのグループは、生徒のニーズに基づくトピックを探究します。教師は個々に、生徒の達成における教育の効果を文書化します。

さらなる情報に関しては、以下を参照：www.amphi.com/departments-programs/career-ladder/collaborative-action-research-(car)-2011-2012.aspx［訳注：現在はリンク切れ］

生徒の学習の証拠は、このように用いられて教師評価に組み入れられ、実践の向上を導きます。実践、生徒の学習、専門的貢献を組み込んだ基準ベースのシステムを建設するための生産的方法はたくさんあります。しかし、私たちは、生徒の達成と教師の評価を適切な方法で結びつけようとする努力の潜在的な落とし穴も見いだしてきました。次章では、この点について議論すると共に、教育と学習と評価を結びつける、より有用な方略について述べます。

第5章 生徒の学習に関する証拠を適切に活用する

私は毎年同じことをしています。毎年同じように教えているのです。最初の年には褒められ、次の年は叱責されました。そして3年目には、私の成績は抜群でした。多額のボーナスを得ました。今は英語教師の中のトップ4分の1に入っています。何か違ったことをしたでしょうか？　私にはぜんぜんわかりません。[1]

——付加価値テスト得点における年々の変化に関するヒューストンの教師のコメント

近年、教師が何をしているかだけではなく、教育の成果を検討することによって教師を評価することが強調されていますが、これは正しい方向へと向かう重要なステップです。その第一歩は、全米教職専門職基準委員会によって20年前に踏み出されました。教師のポートフォリオにおける教育の証拠と関連づけて、生徒の学習の証拠が含められたのです。生徒の学習は教育の主要な目標なので、教師のコンピテンスを決定する際にそれを考慮すべきだというのは当然に思えます。しかし、それをどのように行うかは、それほど単純ではありません。本章で述べるように、現在もてはやされている方略は、個々の教師が担当する生徒のテスト得点の増加を、付加価値法を用いて計算するというものです。しかしこれは、多くの研究者が期待し、ほとんどの政策立案者が想定していたよりもはるかに信頼性が低く、正確ではないことがわかってきました。担当する生徒について教師が何を達成したかを公平に評価するためには、生徒の学習について多様な証拠を用いるという、別の方略が重要です。

> 付加価値法を用いて個々の教師が担当する生徒のテストスコアの増加を計算するという方略は、多くの研究者が期待したよりもはるかに信頼性が低く、正確でないことがわかってきた。

ニューヨーク市のある教師についての実話[2]が、この点を例示しています。2011年に、キャロリン・アボットは、マンハッタンのアッパー・ウェスト・サイドにある、才能を持つ生徒のための学校であるアンダーソン学校の7年生と8年生を教えていました。2010年に、彼女が担当する7年生の生徒は、州の数学テストで98パーセンタイル値の得点を得ました。彼女が8年生で再び担当したとき、生徒たちは、通常は高校で教えられる「リージェンツ統合代数カリキュラム」を学んでいました。1月までにキャロリンの優等生クラスの8年生の生徒たち全員が、このコースのためのリージェント試験〔訳注：ニューヨーク州の、高校の中核科目を対象とした州全体の標準化された試験〕を受けて合格しました。3分の1の生徒は満点でした。合格点65点以上のこの試験に合格するニューヨークの生徒の大部分は、10年生でした。アボット先生についての保護者のコメントは、輝かしいものでした。

アボット先生はすばらしい先生です。

アボット先生は、私の息子の先生ですが、彼女は、すばらしい。今年、息子はこれまでにないほどに、数学を勉強しました。

アボット先生は、娘が大好きな先生です。彼女は、娘が算数好きになるのを助けてくださいました。子どもたちは、本当に彼女の授業を楽しんでいます。[3]

こうした注目すべき成功や、校長からのポジティブな評価、生徒や保護者からの敬愛という事実にもかかわらず、州テストでの付加価値得点を算出するニューヨーク市のシステムである教師データレポートで、キャロリン・アボットは、市の8年生の数学教師中で最低の評価でした。生徒たちはその評価が基礎とする州の8年生の数学テストで大変よい成績を収めたものの、キャロリンは、生徒の得点増加という点から教師を比較するランキングシステムにおいては、最下位の得点だったのです。研究者のアーロン・パラスが述べているように、ある意味で彼女は、「彼女自身の成功の被害者」でした。彼女の生徒が7年生のときに98パーセンタイル値を取ったために、生徒が成長する余地がほとんどなかったのです。他の州テストと同様に、この州テストは将来の学年レベルで教えられる教材を測定することはありません。そのため、より高度な教材を学んでいる生徒の実際の達成や向上を測定することができないのです。ニューヨークの教師評価システムでは、いわゆる「付加価値」得点に基づいて教師をランクづけするために用いられる教師データレポートにおいて、他のテストや生徒の学習の証拠が考慮に入れられることはありません。
ニューヨーク市の評価システムでは、校長が正当な説明を提示し、教育長がその数値以上に重視できることを承認しない限り、新任教師の在職権が検討されるにあたって、この基準の特定レベルに達することが求められています。キャロリンの校長は、可能な限り最も強い根拠を答申しますが、この官僚組織では次の昇進は保証できないと彼女に伝えました。キャロリンは、このシステムにはもう参加したくないと感じ、教師を辞め、数学の博士課程プログラムに入学しました。彼女の学校の生徒たちは、次のように述べています。

私はアボット先生が大好きでした。今もこれまでもすばらしい先生だし、どんな教師評価もそれを変えることはできないでしょう。

私は、アンダーソン学校の6年生です。私は、4年生のときからアボット先生の数学の授業を受けるのを楽しみにしていました…彼女は最高の数学の先生のひとりだと思います。先生にアンダーソン学校に残ってもらうためだったら、どんなことでもするでしょう。

職務を怠り、生徒を落第させている教師を探し出すためのシステムが、どうしてこれほどまでに正確とはかけ離れた結果をもたらすのでしょうか。キャロリン・アボットの状況は、単なる例外なのでしょうか。残念なことに、そうではありません。明らかに生徒の学習の有意な向上をもたらす教師

> 明らかに生徒の学習の有意な向上をもたらす教師が、それにもかかわらず、州テストの生徒の得点に関する付加価値分析に基づくと、驚くほど低い、あるいはきわめて多様な評価を受けている。

が、それにもかかわらず、州テストの生徒の得点に関する付加価値分析に基づくと、驚くほど低い、あるいはきわめて多様な評価を受けているというこれと同様の記事を、国中の報道機関が報道しています[4]。

　こうした直感に反する結果には、多くの理由があります。主な理由は、統計モデルが生徒の特徴らしきものを統制しようとしても、付加価値の評定からクラス構成の差異の効果を取り除くことができないということです。その年その年、あるいは、クラスごとに教師の評定がどのように変化するかに対しては、あるクラスに所属する生徒集団が主たる効果を持っています。さらに、生徒の学習には、個別の教師以上に、数多くの家庭や学校の影響があります。生徒の健康、出席、親の支援、クラス規模、カリキュラムの教材、教師の指導への助言者などです。アメリカでは、4人に1人の生徒が貧困の中で生きており、また、ホームレスの割合が増加しています（10人に1人程度の学校地区もあります）。この時代において、これらの要因は、子どもの生活に劇的な影響を与え、子どもの学習に打撃を与えうるのです。

　三番目の理由は、このニューヨークの教師の事例や他の多くの事例においても明らかですが、州テストは他の生徒よりもはるかに進んでいたり、遅れていたりする生徒の成長を調べる尺度としては不十分だということです。この問題は、州テストが学年レベルの基準のみを測定することを要求する「どの子も置き去りにしない運動」のルールによってさらに悪化しています。これは、成績がすでに学年レベルを上回っているか下回っている生徒の知識を測定する項目をテストに含めない、という

> 州テストは低い天井と高い床を持つため、ある種のクラスの生徒にとって妥当性があまりなく、付加価値法は非常に歪んだ評定を生み出してしまう。

ことを意味するからです。テスト用語では、これは、テストが低い天井（上限）と高い床（下限）を持つことを意味します。多くの特別支援教育の生徒や新しい移民——入国してすぐ、英語が話せるようになる前に州テストを受けることを求められます——や英語学習者を含むクラスにとっても、テストの妥当性は低いのです。このように、付加価値法は、生徒の割り当てやクラスの追跡方法によって、こうした生徒が集中するクラスを受け持つ教師の評定を大きく歪めてしまいます。

教師評価にこれらの尺度を用いることを支持する人々は、従来の評価実践は、異なる質の教師を区別できず、教師の観察のような他の方法も信頼性が低いと主張しています。教師の達成を確認するために、生徒の成績がいかに向上しているかを調べる方法を用いるべきだというのは、直感的に理解できます。このアプローチは、観察プロトコルのスコア化、そして／あるいは教師のビデオ録画、生徒の学習課題、その他の成果物の質を査定するのに、管理者の観察時間や、評価者のトレーニングを必要としないという点からも魅力的です。人間の努力や判断に頼る必要がなく、客観性と共通尺度を約束します。

効率性と客観性の保証は魅力的ですが、尺度が正確ではなかったり、それを利用することが教師評価という主要な目的を損なったりすることが判明するなら、十分な理由とはなりません。教師評価の目的とは、指導教師の育成と確保、教えと学習の継続的改善です。

付加価値のレンズを通して学習を見ることの利点と課題

明らかに、この一連の問題は、生徒の学習を検討するために付加価値モデル（value-added models: VAMs）を開発した社会科学者たちの意図したものではありませんでした。以前の成績やその他の生徒や学校の特徴を調整した上で生徒の成績を測定する方法は、研究論文において非常に有用であることが証明されてきました。このアプローチは、単一時点での生徒のテスト得点に基づく判断や、2時点での異なる生徒コホートの比較よりも、学校の進展やプログラムの効果を公平に評価します。「どの子も置き去りにしない運動」の説明責任の枠組みに対する主要な批判の一つは、学校がいかに個々の生徒の進展を援助したかを見るのではなく、異なる生徒コホートの達成度を特定時点で測定する点にありました。生徒の成績向上を調べることは、この問題に対する有効な対処法です。

さらに、これらの方法を用いた大規模調査において、生徒の成績向上に対するカリキュラムのアプローチ、学校への介入、学校外の条件、生徒の成績向上についての専門性開発プログラムの効果に関する、何百もの貴重な研究が生み出されてきました。私は、本書で付加価値法を用いた多くの研究を引用してきました。第2章で引用した、全米教職専門職基準委員会が認定した教師の有効性について検討した研究や、教師のパフォーマンス評価の予測的妥当性を検討した研究がそうです。最近では、ゲイツ財団の助成による効果的教育尺度に関する研究が、従来のテストと付加価値法を用いた高次スキルを測定するテストの両方における生徒の学習向上に対する、多くの教師観察プロトコルと生徒調査の妥当性を検証しようとしています（囲み「効果的教育尺度」参照）。また、私は、個人的にも、この種の研究を数多く実施してきました。

達成度を測定するために典型的に用いられる種類のテスト――アメリカでは特に範囲が狭い――の課す限界を含んで、すべての研究方法には限界がありますが、教育効果の大規模研究に対する付加価値モデルの価値は十分に確立されています。[5]

効果的教育尺度

効果的教育尺度プロジェクトでは、事象間や採点者間の信頼性の観点、および測定された生徒の学習の成果との関連の点から、教室観察のためのいくつかの異なる方法がいかに適切に授業を捉えることができるかが調査されました。この研究の重要な側面の一つは、州テストの得点だけでなく、自由回答のリテラシー評価や数学の概念理解の評価など、他の尺度についても調べたことです。さらに、授業実践に関する生徒の報告も検討されました。

教室観察についての五つの異なるアプローチが、研究から明らかとなった授業の諸次元を反映しており、また、それは第4章で議論したプロトコルのような授業を記述する基準に反映されています。以下のようなものがあります。

- シャーロット・ダニエルソンによって開発された「教育の枠組み（The Framework for Teaching: ＦＦＴ）」
- バージニア大学のロバート・ピアンタらによって開発された「教室アセスメント採点システム（The Classroom Assessment Scoring System: ＣＬＡＳＳ）」
- スタンフォード大学のパメラ・グロスマンによって開発された「国語の授業観察のためのプロトコル（The Protocol for Language Arts Teaching Observations: ＰＬＡＴＯ）」
- ハーバード大学のヘザー・ヒルによって開発された「数学の授業の質（Mathematical Quality of Instruction: ＭＱＩ）」
- テキサス大学オースティン校のマイケル・マーデラーとキャンデス・ウォーキントンによって開発された「ユーティーチ教師観察プロトコル（The UTeach Teacher Observation Protocol: ＵＴＯＰ）」

都市部の五つの地区で4年生から8年生までを教える１０００人以上の教師のビデオ観察を採点するために、これらの測定道具が用いられました。これら五つの測定道具はすべて、両方のテストで生徒の成績向上と正の関連がありました。しかし、ある尺度で生徒の成績がよかった教師と、他の尺度で生徒の成績がよかった教師とは、必ずしも同じではありませんでした。興味深いことに、教室観察のスコアと自由回答式の英語力評価における生徒の学習との間に、州テストとよりも強い関連がありました。このことは、こうしたより広範な評価が、州テストよりも、より多くの生徒の学習と教師の指導の側面を捉えている可能性を示唆しています。

教師の実践についての生徒のフィードバックは、ハーバード大学のロン・ファーガソンによって開発された「トライポッド」生徒認識調査を用いて収集されました。この尺度も、生徒の学力向上と正の関連がありました。

この研究は、教師の有効性に関連する、熟練の評価者と生徒の両方による教師観察ツールを開発することが可能であることを示しました。また、この研究は、結果が使用されているテストに敏感であることを示しました。このことは、生徒の学習について複数の評価を用いることの重要性を示唆しています。教師を評価する最も信頼性の低い方法は、観察よりも、テストの得点に最もウェイトを置く方法であることも示されました。


問題は、担当する生徒のテスト得点に基づいて、付加価値法を用いて個々の教師の有効性に関する結論を引き出す場合に生じます。経済学者ダグ・ハリスが指摘するように、付加価値基準が多数の教師の平均値に対して妥当であったとしても、「付加価値評価は妥当ではないことがあり、そして明らかに、教師の特定の下位集団に対しては妥当ではない[6]」のです。彼は、生徒追跡の理由から、典型的な付加価値評価は中学校と高校に偏っていることを示した研究を指摘しています。[7]さらにハリスは、キャロリン・アボットの事例に代表される問題を記録した研究にも言及しています。そうした事例では、多くの生徒がテストでトップの得点かそれに近い得点を獲得できるため、その後の成績向上を示すことができません。これは「生徒の最初の時点の成績が非常に高い教師は、テストの天井効果のため、本来の評定よりも低い評定を受ける」ことを意味しています[8]。

この問題は、ニューヨーク市のみならず、成績のよい生徒がテストでトップの得点をとることが比較的容易なテキサス州やルイジアナ州でも指摘されています[9]。これらの州では、成績優秀な生徒の多い学校やクラスの教師は、生徒がとてもよくやっているにもかかわらず、付加価値ランキングでは「効果なし」と評価されることに教育者が気づき始めています。ルイジアナ州では、この評価を二つとると教師が解雇される可能性があります。才能を持つ生徒を受け持つあるマグネットスクール〔訳注：特色のあるカリキュラムで生徒をひきつける特別公立学校〕の教師が、評価への懸念から「私は辞職を考えました。評価が最終的に私を無能だとレッテルを貼り、職を失うことになるかもしれないからです[10]」と述べた言葉は、そのような多くの教師の意見を代表しています。

ＶＡＭモデルでは、テストは全範囲の達成度を評価し、生徒は教師にランダムに割り当てられると仮定していますが、現実世界ではどちらも当てはまりません。個々の教師の有効性を評価するためにＶＡＭモデルを用いることは、教師たちが同様の条件下で同様の生徒を教えており、他の教師、親、学習の条件の効果が生徒の得点に影響しないと仮定しています。ハリスは、「付加価値モデルの根底にある仮定が間違っていることが示されてきている[11]」と述べています。このことは、立場の異なる教師に異なる影響を与えるかもしれません。しか

> ＶＡＭモデルでは、テストは全範囲の達成度を評価し、生徒は教師にランダムに割り当てられていると仮定しているが、現実世界ではどちらも当てはまらない。

し、一般的に言って、教師の管理外の要因に大きく左右されるなら、その評価は妥当とは言えません。

現実世界で、付加価値による達成評価はいかに作用するか

近年数多くの研究が現実世界での成果についての証拠をもたらし始めたはるか以前から、多くの研究者が、生徒の年間のテスト得点に基づいて個別教師の評価を行うことに注意を喚起してきました。その主なものは、生徒の成績向上を特定の教師に帰属させることの難しさと、教師の効果を学校および家庭の状況や他の生徒の要因から切り分けることの難しさです。学習に影響する要因としては、複数の教師、親、チューター、学校外の学習支援、家庭環境、さらに、カリキュラムの質、教材、クラスの規模、管理支援などのさまざまな学校の状況があります。[12] 当時、教育テストサービスに所属していたヘンリー・ブラウンは、付加価値モデルに関する入門書の中で次のように結論づけています。

> 近年数多くの研究が現実世界での成果についての証拠をもたらし始めたはるか以前から、多くの研究者が、生徒の年間のテスト得点に基づいて個別教師の評価を行うことに注意を喚起してきた。

モデルが教師効果として指定するものの推定値を生成することは常に可能である。しかし、これらの推定値は、多くの要因の寄与を捉えており、教師の要因はその中の一つでしかない。したがって、

教師効果の推定値を教師の有効性の正確な指標として扱うことには問題がある。[13]

実際、最も楽観的な推定でも、生徒の成績の全体的な分散のうち、生徒を担当する個々の教師によるものは、わずか7パーセントから10パーセントです。[14] 典型的には、分散の約60パーセントを占める最も大きな効果は、個々の生徒に関連する社会経済的要因と、クラスや学校の集団の構成です。[15] 残りの分散は、教師以外の学校の要因、たとえば、特定のカリキュラムの影響、有用な学習教材の入手可能性、教師が生徒と過ごす時間、学校組織の状況、運営およびリーダーシップの実践、クラス規模、指導的専門家の利用可能性、教職員および親の共同的努力の関数であるか、もしくは、説明されないものです。

教師は、全体的な達成度よりも年度ごとの達成度をより説明しますが、成績向上に及ぼす生徒の影響（たとえば、健康、出席、家庭の状況、学習特性）や学校にかかわる影響（たとえば、同僚、カリキュラム、および教育条件）は他にも数多くあります。さらに、多くの州テストで提供されるような春学期から春学期までの学力測定では、夏休みの学習損失によって低所得の生徒の学力が大幅に下がることによる成績低下を、誤って次年度の教師に帰属させてしまいます。[16]

これらの理由、また他の理由から、因果推論の分野の主導的な統計学者であるドナルド・ルビンは、主要なVAM手法を幅広く検討し、次のように結論づけました。

極端で非現実的な仮定を置くのでない限り、それらの分析は因果量を推定しているとは私たちは思わない。[17]

同様にヘンリー・ブラウンも、自身の研究レビューで次のように述べています。

VAMの結果は、教師について重要な決定を行うための唯一の、あるいは主要な根拠として用いられるべきではない。典型的な学校区で入手可能な種類のデータに基づいて、教師の有効性についての原因帰属を行う際には、多くの落とし穴がある。異なる技術的問題が、それらの解釈の妥当性をどの程度深刻に脅かすかについての十分な理解は、いまだ不足している。[18]

また、ランド研究所の主要な報告書は、こう結論づけています。

現在のところ、個々の教師や学校に関する重大な決定にVAMを用いるには、それを支持する研究基盤が不十分である。[19]

評定の不安定性

生徒の学習に多くのことが影響するため、教師の有効性の付加価値評価は非常に不安定であることが、研究から見いだされています。たとえば、大都市の五つの地区を対象にした研究では、ある年の

> ある年にA（最上位五分位内）を獲得した教師が、次の年にC、D、Eを獲得する確率は約50パーセントだった。

上位ランクの教師（評価が最も高い20パーセント）の中で、25パーセントから35パーセントのみが1年後に同様のランクであり、それに匹敵する割合が下位二つの五分位に移動していることがわかりました。最も低い評価の中で、1年後に同様にランクづけされたのはわずか20パーセントから30パーセントで、25パーセントから45パーセントが、1年の間にランキングの上位に移動しました。[20] 平均して、ある年にA（最上位五分位内）を獲得した教師が、次の年にC、D、あるいはEを獲得する確率は約50パーセントでした。最初の年にE（最下位の五分位内）だった教師が次の年にA、B、Cを取る確率も、約50パーセントでした[21]（図5・1参照）。もし付加価値評価が教師の基本的能力、つまり有効性を本当に測定していたとしたら、こうした激しい変動は起こらないでしょう。

　こうした理由から、全米研究評議会のテスト・アセスメント委員会は、以下のように結論づけています。

図5・1　ある年度から次年度への教師の付加価値評定の変化

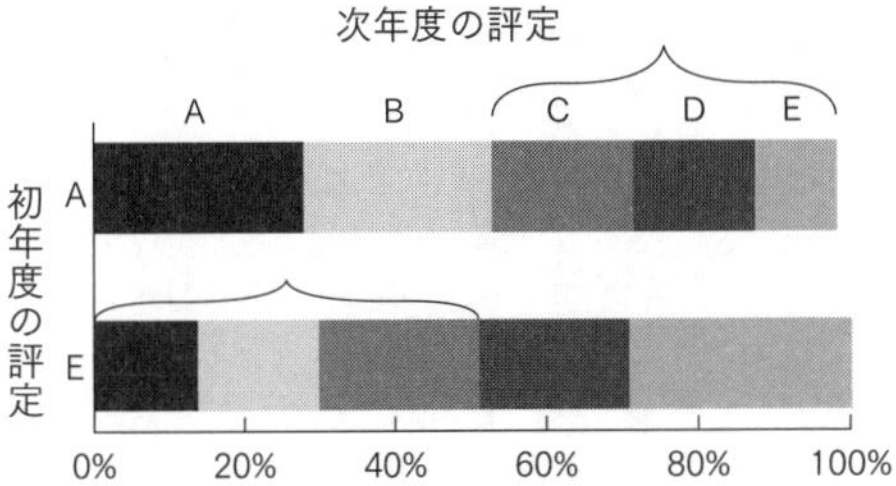

A～Eの評定は、五分位の1～5に対応している。
出典：Tim Sass (2008)

教師の有効性に関するＶＡＭの推定値は…管理運営上の決定に用いるべきではない。なぜなら、これらの推定値は、公平、あるいは、信頼性があると見なすには、きわめて不安定であるためである。[22]

バイアス

これらの不安定性が単なる「ノイズ」であるなら、多くの付加価値分析の支持者が提案するように、教師の数年間のデータを平均することによって対処可能でしょう。しかし、統計モデルで「統制されている」と想定される場合でも、教師に関連したテスト得点の情報は、担当する生徒の違いに影響を受けます。概して、天井の低い州における、非常に進みの早い「才能児」クラスのような特別なケースでない限り、同じ教師でも、さまざまな教育的困難を経験している生徒を教えるよりも、もっと成績のよい生徒を教えているときの方が、有効性が高いように見えます。このことは、特別な教育ニーズを持つ生徒や、新入の英語学習者の生徒が多いクラスを受け持つ場合に、特に当てはまるように思われます。[23] 中等教育レベルにおいて、能力別の集団の生徒を追跡すると教師の有効性の推定を誤ることが研究で明らかにされているのは、これが理由です。[24] 追跡は、初等教育レベルではあまり一般的ではありませんが、同様の効果が生じるでしょう。

概して、同じ教師でも、さまざまな教育的困難を経験している生徒を教えるよりも、もっと成績のよい生徒を教えているときの方が、有効性が高いように見える。

高校教師を対象としたカリフォルニアの研究は、これらの要因がいかに作用するかを明らかにしています。この研究では、教師の付加価値評価が、統計モデルの上では「統制されていた」という事実にもかかわらず、異なる人種／民族、収入、言語的背景、親の教育歴を持つ生徒の割合と有意に関連していることが見いだされました。これらの要因と教師の付加価値評価の相関係数は、用いられた要因や統計モデルにもよりますが、約0・3〜0・5の間でした。このことは、年度ごと、クラスごとの、教師の付加価値評価の差異が、クラス構成の差異と関連することを意味しています。これらの相関係数は、通常教師の年度から次年度への付加価値得点と関連する相関と同程度でした。これらのデータにおいて、教師の点数が安定していた場合は、通常、年度を超えて同様の特性を持つ生徒を受け持っていました。

一つ例を挙げると、ある経験豊富な英語教師の評価が、最も下のレベルから次の年には最も高いレベルに跳ね上がりました。この2年の間に、彼女のクラスの英語学習者の割合は、1年目の60パーセントから2年目の5パーセントに減少しました。ヒスパニックと低所得の生徒の割合が減少し、一方、親の教育レベルが上昇したのです（図5・2参照）。

ヒューストンで、スーパーバイザーの評価が高く、尊敬されている教師が、生徒が通常クラスに移行する最初の学年である4年生のクラスを担当した後に解雇されてきた。

こうした評価の不安定性と、評価の生徒の特性との関連性の両方が、テキサス州のヒューストンの研究において見いだされました。そこではEVAASと呼ばれる付加価値システムを用いて解雇と能力給の評価を行っています。[25]ヒューストンの教師は、新たに通常クラスに移行した英語学習者を受け持つ人数が多いほど、EVVASの評価が低

図5・2　十分位で第1分位から第10分位にランキングが変化した教師の、2年間の生徒特性

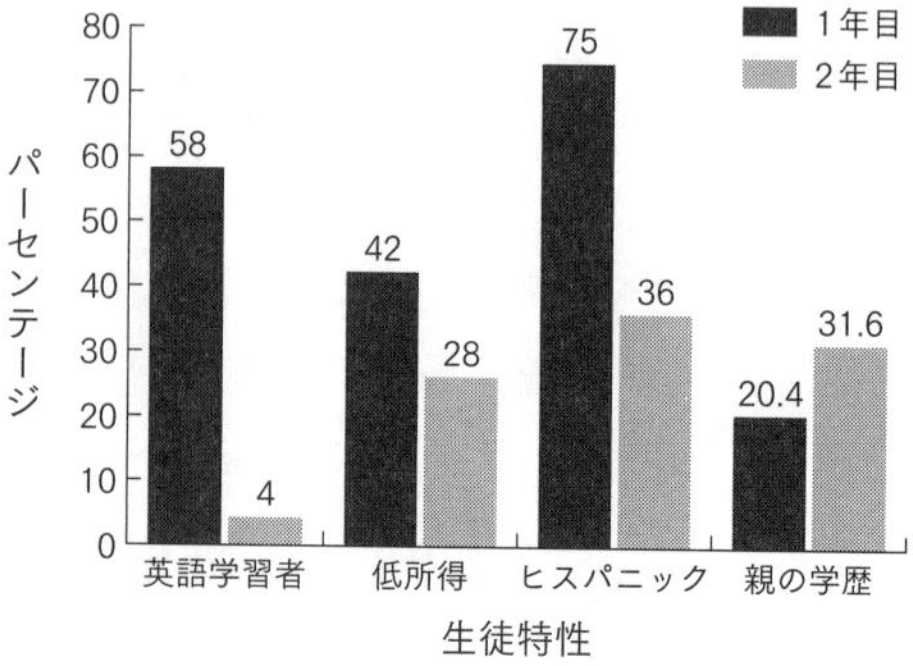

表5・1　ある教師の科目、担当学年、年度ごとのEVAAS得点

EVAAS得点	2006-2007 5年生	2007-2008 4年生	2008-2009 3年生	2009-2010 3年生
数学	－2.03	＋0.68*	＋0.16*	＋3.46
読解	－1.15	－0.96*	＋2.03	＋1.81
国語	＋1.12	－0.49*	－1.77	－0.20*
理科	＋2.37	－3.45	n/a	n/a
社会	＋0.91*	－2.39	n/a	n/a
ボーナス	$3,400	$700	$3,700	$0

＊：HISD全体の他の教師の基準スコアとの間に有意差はない。
出典：Amrein-Beardsley & Collins (2012).

いことに気づくようになりました。スーパーバイザーの評価が高く、尊敬されている教師でも、生徒が通常クラスに移行する最初の学年である4年生でそうしたクラスを担当した後に解雇されてきました。以前に解雇された教師のひとりは、それまで、毎年、校長から模範的教師の評価を受け、一度は、その年の最優秀教師に選ばれていました。表5・1は、付加価値得点の年度ごとの変動と、4年生の移行クラスを担当したことの職歴への影響を示しています。その1年の得点が3年間の平均値の下降に影響し、彼女の解雇につながったのです。

4年生の移行年に、新しく通常クラスに入った英語学習者のクラスを担当することの影響は、ヒューストンの教師によく知られています。研究者に対して2人の教師が以下のようにコメントしています。

> 私は移行クラスを担当しましたが、今や私の名前のところには危険信号のフラグが立っています。私は無能な教師なのでしょうか？　私は地区から「あなたは傑出した教師として認められました」という手紙を何度も受け取っているんです…これも、これも、あれも。でも、「移行期」の英語学習者を担任したせいで私の得点は下がり、私の名前にはフラグが立ってしまったのです。
>
> 4年生を教えるのが怖いんです。もし、英語学習者の移行学年を担当したら、職を失うのではないかと怖いのです。私の得点が下がってしまうのではないかと怖いのです。おそらく、成長の余地がないとなって解雇されるでしょう。

もうひとりの4年／5年生の教師は、「彼らは誰も4年生を担当したくないと言っています。誰も4年生を担当したがりません！　誰も！」と断固主張しました。[26]

特別支援教育の生徒を多く担当する教師や、すでにテストでトップの得点を超えている才能ある子どものクラスを担当する教師にも同様の問題が起こります。ある秀才クラスを担当する教師は、以下のように述べています。

毎年、私のクラスの得点は最高得点です。［EVAASの得点に基づいて］ボーナスを受け取った同僚教師が私のところに来ました……最近、ひとりが私のところに来て、「ごめんなさい」と文字通り泣いたのです。私は「謝らないで……あなたのせいではないのだから」と言いました。ここでは私は……テストで最高得点を取りましたが、ボーナスは0ドルです。年ごとにこうなるというのは、意味がわかりません……どうすればよいかわからないんです。100パーセントより高い点数を取るにはどうすればよいのか、わからないんです。[27]

クラスの構成が教師の付加価値評価にどの程度影響するかは、いわゆる「教師効果」が本当に教師の関数なのか、他の変数の関数なのかを検証する「反証」研究においても示されています。これらの研究では、教師が実際に生徒を受け持っていた学年の前と後の成績に対する教師の「効果」を検討しています。たとえば、論理的に、5年生の教師は、2年前の3年生のテスト得点に影響を与えることはできません。教師の真の効果を特定するモデルは、そのような効果を示さないはずです。しかし、この問題について検討した研究では、教師が担当していなかった学年の生徒に大きな「効果」を与えていることが示されました。これは、生徒集団に関連する他の要因が、ある年に実際に担任した教師と少なくとも同じくらい、付加価値尺度に影響していることを示しています。[28]

測定にかかわる懸念

もう一つの懸念は、同じ内容領域であっても、異なるテストが用いられれば、教師の付加価値得点が有意に異なることです。[29] たとえば、経済学者のジェシー・ロススティンは次のように指摘しています。

> 異なるテストが用いられれば、教師の付加価値得点が有意に異なる。

- 基礎的スキルと高次のスキルを測定する二つのテストを用いた研究において、州テストへの影響という点で上位4分の1に位置した教師の20パーセントから30パーセントが、より概念的に難しいテストへの影響では下位半分に位置した[30]（その逆もまた然りであった）。
- 別の研究では、教師の推定された有効性は、同じ数学のテストの異なる下位尺度（一般的に計算スキルを測定する手続きと、一般的により複雑な概念スキルを測定する問題解決）によって大きく異なることが示された。[31]

・受験者の重要な決定にかかわるテストへの教師の効果は、重要な決定にかかわらないテストへの効果とあまり強く関連していない。また、重要な決定にかかわるテストの得点への効果は、より早く消失する。[32]

さらに、現在行われている、多くは多肢選択式の、基礎スキルのテストの範囲の狭さに対する懸念、そして、テストを基礎とした評価が、文章作成、探究、複雑な問題解決といった他の種類の学習を犠牲にして、テストのために教えることにつながる可能性に対する懸念が指摘されています。研究において、重要な決定にかかわる説明責任の状況下で、大部分の教師が州テストの内容と形式を重視し、テストに出ない科目や形式を重視しない指導に変更したと報告したことが示されており、こうした懸念を強めています。[33] フロリダの教師が述べているように、この懸念は得点が教師評価に使用されるはるか以前からありました。

フロリダ包括的査定テスト開始以前は、私はよりよい教師でした。幅広い科学や社会経験に子どもたちが触れられるようにしていました。子どもたちが読み書き、数学、テクノロジーのスキルを使って、学ぶことに没頭することができるようなテーマを用いて教えていました。私が教えていた方法は、子どもたちにとって、よりよい基盤を築くものだとわかっていました。今、私は、基本的に、テストに向けて教えないということができるか、自信がありません。[34]

また、テキサスの教師は以下のように指摘しています。

［州テストに］合格できても、そのような形式でなければ、そのスキルを何にも応用できない生徒が増えています。テストはできても、辞書で単語を調べたり、違う意味を理解したりすることができない生徒がいます……より質の高い授業について、私はそれを質の高い授業と呼べるか確信がありません。合格へのプレッシャーがあるため、テストを練習し、すべてを［テスト］形式に入れ込むことにますます多くの時間を費やしています。[35]

動機づけ

「トップへの競争」の一環として、また「どの子も置き去りにしない」の下での責務遂行免除の前提条件として、連邦政府が試験ベースの教師評価の使用を要求したため、半数以上の州で、試験ベースの教師評価が州の政策の一部となりました。それらの多くは、生徒の成績向上を測定するためにVAMモデルを使用し、最終評価の50パーセントまでこの尺度を考慮しています。雇用継続または在職の条件として、この尺度の「有効性」評価を求め、多くの教師の判断に100パーセントこの評価を考慮している州もあります。多くの地区において、重要な決定にこれらの尺度がかかわっていることを考えると、こうした措置が教師の行動にもたらす動機づけを考慮することが重要です。

動機づけの点からは、生徒の成績に基づいて教師を評価することが、生徒の成績向上に教師を集中させることになると提唱者たちは期待しており、実際起こりそうなことでもあります。それと同時に、教育者や分析者は、他の種類の学習を犠牲にして「試験のために教える」ことによってカリキュラムを狭めようとする動機づけとなることへの懸念を表明しています。分析者たちはまた、教師同士をランクづけするシステムの中で、教師が協働して働く動機づけを阻害する可能性、また、英語をまだ話せない生徒や、特別支援教育を必要としている生徒のために教師が働く動機づけを阻害し、そのためにテスト得点が彼らの学習を正確に反映していない可能性についても懸念を示しています。このことは、意図せずとも、経験の浅い教師が最もニーズの高い生徒に不均衡に割り当てられ、学校がニーズの高い生徒の入学や在学をあきらめさせてしまうという現在の慣行を強化する可能性があります[36]。最後に、この尺度の不安定さとバイアスによって、誤った教師が解雇され、他の有能な教師が辞職してしまうということが起こるかもしれません。著名な研究者グループによって書かれた経済政策研究所の報告書は、次のように結論づけています。

> この尺度の不安定さとバイアスによって、誤った教師が解雇され、他の有能な教師が辞職してしまうということが引き起こされるかもしれない。

主に生徒のテスト得点に基づいて教師評価を行うことは、より有効な教師とより有効でない教師を正確に区別することにはならない。比較的洗練されたアプローチでも、教師の有効性を推定する際に生じるあらゆる統計的問題に十分に対処することができないからである。一つの統計的な問題に対処しようとする努力が、しばしば新しい問題を引き起こす。これらの困難は、学習に対する生徒の社会経済的優位・不利の影響、あるいは測定誤差や不安定性によって生じる。また、学校間で教師を割り当てたり、担任教師に対して生徒を割り当てたりするのがランダムではないこと、さらに、担任する複数の教師による生徒の学習への経時的な貢献を切り分けることが困難であるために生じる。その結果、教師を評価する際に生徒のテスト得点に頼ることは、多くの教師について、よくやっているかいないかを誤認してしまう可能性がある。[37]

評定の不正確さへの懸念があり、さらにカリキュラムを絞り込み、ニーズの高い生徒を回避し、協力を競争に置き換えることへの動機づけを伴うことから、ニューヨーク州の校長の3分の1以上、また、その他6500名の教育者と保護者が、州が試験ベースの評価システムを採用することに対する抗議文に署名しました。[38]

生徒のテスト得点を重要な決定に使用した場合に意図しない結果が生じる可能性があることは、マサチューセッツ州スプリングフィールドの熟達教師であるスーザン・サンダースが、付加価値テスト得点に基づいて教師を評価し給与を支払う計画案に対して示した応答にも示されています。スプリングフィールドは、長年にわたって大規模な予算削減を経験してきた、マイノリティの多い低所得の地区です。財政難のため、3年間昇給ができず、地区の2600名の教師の約半数がこの時期に辞職しました。教師の25パーセント近くが、無資格で経験の少ない教師でした。

20年以上の経験を持つ、スプリングフィールド生まれのサンダースは、回転ドアのように入れ替わる新人教師を支援するために教師としてとどまり、疲れを知らずに働いていました。非常に尊敬されているベテラン教師である彼女は、残っている教科書を新しい教師たちに渡し、最もニーズの高い特別支援教育の生徒たちを引き受けました（彼女のクラスの32人の生徒の半分以上を占めていました）。彼女は、彼らとうまくやっていくことができたからです。サンダースは、この新しい試験ベースの能力給制度で働くことについてどう思うかとの質問に対し、この制度の導入によって彼女は教師以外の仕事を探すことになるでしょうと答えました。さしあたり、ある教師の成功は別の教師の評価を犠牲にすることになるため、彼女は特別支援教育の生徒を引き受けることや、自分の学校の他の教師と教材を共有することをやめなければならないでしょう、と述べました。

裁判所が任命した調停委員が、このシステムの技術的妥当性が、人事考課に用いるには不十分であると判断したため、この評価システムは採用されませんでした。提案されたシステムの調査により、正確な評価ができないことが判明したのです。しかし、評価システムは、正確であることに加えて、教育に対する適切な動機づけを生み出すことが重要です。よいシステムは、教師が互いに協働したり、最も教育的ニーズの高い生徒を担当したりすることを妨げないように設計されていなければなりません。むしろ、ニーズの高い生徒のために働く教師を認め、報酬を与えて動機づけを提供することを、明確に追求しなければなりません。

> よいシステムは、教師が互いに協働したり、最も教育的ニーズの高い生徒を担当したりすることを妨げないように設計されていなければならない。

動機づけという観点からは、テストに基づく能力給は特に問題があります[39]。最近の二つの大規模な評価で、こうした制度は生徒の成績向上につながらないだけでなく、成績向上を支援する活動を阻害する可能性があることが見いだされました。たとえば、教員給与を生徒のテストの点数と連動させるポルトガルの取り組みに関する研究において、このシステムが生徒の成績を低下させていることが判明しました。研究者は、教師の協力関係を低下させ、生徒の学習を阻害しているのではないかという仮説を立てました[40]。『ワシントンポスト』の記者ジェイ・マシューズが指摘するように、効果的な学校の指導者は個人のテストに基づいた能力給に警戒しています。なぜなら「彼らの学校の教職員はチームワークによって成長している。皆がひとりひとりの子どもを助けるために、授業計画を共有し、アイディアを交換し、規律を強化している」からです。彼らは、チームの数人のメンバーに高額の小切手を出すことによって、協働やチームという感覚が台無しになりうると懸念しています[41]。

テスト得点の向上に関する付加価値測定は、一部の教師にとって有用なデータを提供するかもしれませんが、生徒の学習に対する教師の影響を理解するためには、教師の実践と文脈についてのより詳細な情報が必要です。生徒の学習の証拠は、多面的で、教師の生徒と教育の文脈の分析を伴う必要があります（囲み「教師評価に生徒の学習の尺度を用いる際の基準」参照）。また、学習の証拠は、教師の実践に関する証拠と統合される必要があり、その使用は教育の改善に焦点を当てられるべきです。次節では、これらの目標を達成するための方法について議論します。

教師評価に生徒の学習の尺度を用いる際の基準

1 生徒の学習に対する教師の貢献度を評価する際には、単一のテストや付加価値の得点ではなく、生徒の学習についての複数の尺度を使用する必要がある

教育の有効性の評価は、どの学習指標を使用するかによって影響を受けることを研究者は見いだしています。異なるテストを用いたVAMの推定は、異なる結果をもたらします。さらに、一つのテストで教育や学習の重要な側面のすべてを測定できるわけではありません。ほとんどの州テストでは、春学期から次の春学期にかけての測定を用いて、限定された領域しか測定しないため、教師の潜在的効果を調べる際に、低所得層の生徒の夏休み中の学習損失が、他の誤差要因に追加されてしまいます。これは、最近設立された二つの評価コンソーシアム（「共通学力基準の査定・研究のためのパートナーシップ（PARCC）」と「よりよいバランスのとれた査定連合」）によって作成された新しいテストが利用可能になっても、引き続き問題となるでしょう。

結論として、生徒の学習に関する複数の尺度を評価システムに含める必要があります。それは、教室、学校、または地区レベルで収集されうるものであり、多様な方法によって幅広く望ましい成果を評価することができるものです。その中には、テストも含まれるでしょう。その他に、応用的な理解を示すレポート、プロジェクト、展示、または生徒の作品のポートフォリオが含まれる必要があります。また、秋学期から春学期にかけての測定（たとえば、その年度の初めと終わりに採点される文章作成）も

あるでしょう。他には、教育と学習の過程での成長を例示するものとして生徒が学習課題を修正したもの、さらに、発達的読解テストのようなツールを用いた定期的な向上の指標もあるでしょう。

2　学習の尺度は、教師が教えることを期待されているカリキュラムと、発達することが期待されているスキルや能力の範囲を反映する必要がある

教師は、間接的な代替指標ではなく、彼らが教えるカリキュラムを評価する尺度に基づいて評価されるべきです。これには、外部評価（大学単位認可プログラムや国際バカロレアの教師の場合は、大学単位認可試験や国際バカロレア試験）、あるいはクラス、教科部門、学校の評価尺度が含まれるでしょう。さらに、教師は、評価に含まれる学習の種類に焦点を当てることが期待されます。このように、評価項目は、カリキュラム目標の範囲を反映し、文章作成、調査、研究、問題解決などの高次の思考力や実行力を含むものである必要があります。求められる知識やスキルの範囲にどの程度対応しているか、生徒の学習を真正に捉え、重要なスキルの発達を促すことができるかを判断するために、尺度は継続的に評価される必要があります。

3　すべての生徒に対して、妥当な尺度が使用されるべきである

そこには、特別なニーズを持つ生徒や英語力が低い生徒、学年レベルより成績が低い、または高い生徒も含まれます。評価は、可能な限り、達成度の連続体のすべてを測定する必要があります。一部の生徒に対しては適切に特殊化する必要があるかもしれません。たとえば、新入の英語学習者を担当

する教師のためには、英語能力の伸びの尺度を含めることができるでしょうし、特別支援教育を必要とする生徒のためには、適合するよう修正したアセスメントが適切かもしれません。

4　成長を指標化することを目的としたテストの測定は、学習を生徒の実際の達成レベルにおいて、妥当な方法で捉える必要がある

生徒が一定期間内にどれだけ学んだかを評価するために、評価方法は、生徒が実際に達成したレベルでの生徒の成績を反映して、変化を正確に測定する必要があります。学年レベルの基準だけを測定するテストでは、学年レベル以下、またはそれ以上の生徒の学習効果を測定することはできません。天井が低いテストでは、成績分布の上位に位置する生徒の成果を明らかにすることができず、下限が高いテストでは、そのレベル以下の生徒の実質的な成果を測定することができません。したがって、これらの生徒を教える教師は、統計的な調整が行われたとしても、付加価値の比較において不利になってしまいます。連続的な尺度で生徒を評価できる学習指標、たとえば、「発達的読解テスト」(幼稚園から8年生) や「質的読解テスト」は、多くの生徒の成長と進展を捉えることができない単一学年レベルの基準だけを測定する州テストよりも有益でしょう。さまざまな測定方法を使用する際には、それぞれの測定方法が提供する情報と限界を認識する必要があります。

5　生徒の学習指標の使用は、生徒の成績向上に影響を与える生徒の特性や文脈などの要因を考慮に入れる必要がある

生徒の事前の成績、特定の学習ニーズ、出席に加えて、こうした要因には、家庭の文脈（貧困、ホームレスなど）や、クラスの構成（たとえば、新入の英語学習者、学年レベルより発展した生徒や留年している生徒の割合）の側面を含める必要があります。これらは教師の付加価値得点に大きく影響します。他に有意な違いを生む要因として、クラスの規模、カリキュラム教材の質と入手可能性、他の教師からの個別指導や関連した指導を生徒が受けているかどうかなどがあります。このような情報は、付加価値分析においても、評価判断のための総合的な情報収集においても、考慮される必要があります。

6　付加価値評価は、十分なサンプルサイズと複数年のデータがある場合にのみ使用すべきである

多くの教師に対して、前年度と当該年度の両方の成績データが入手可能な生徒がほとんど紐づけられていないことが、研究においてわかっています。特定の教師のクラスで短期間しか過ごしていない転居の多い生徒もいます。これらの両方が、かなりの誤差の原因となります。教師のランキングにおける年度ごとの不安定性も非常に高くなります。多くの専門家は、付加価値得点の推定には、少なくとも50人の生徒（いずれの場合も年間の大半をその教師と一緒に過ごしている）と、少なくとも3年間のデータが必要であると提案しています。これらのことを考慮したとしても、複数年のデータが年度ごとの得点の不安定性を消す可能性はあるものの、不安定性の原因には教師が教えるクラスの構成を含むことが多く、そうした原因を取り除くことはできないことを認識することが重要です。さらに、より安定した得点（比較的高いか低いかにかかわらず）は、教師が毎年同じようなタイプの生徒を担当していることを示すだけであり、その推定値が教師の有効性をより正確に示しているわけではない可能

性があります。

7　評価システムは、生徒の成績と教師の実践に関する証拠を統合的なかたちで検討するものである必要がある

教師の実践が生徒の学習にどのように関連し、影響を与えているかを明らかにするために、システムは、その両者を共に調べると同時に、担当の生徒についての情報についても調べる必要があります。ちょうど医師評価が患者の特性と専門的な実践基準を実践する医師の専門性に照らして患者の治療結果を考察するように、教師評価は生徒、教育、成果についての情報をトライアンギュレーションしなければなりません。生徒の学習の成果を特定の教師の貢献に帰属する際に、曖昧さを低減するため、実践と成果の統合的な評価を行うことも必要です。成果測定に基づくどんな評価においても、クラス担任教師が提供した指導と、前の担任教師や、他の兼任教師、教材専門家、またはチューターが行った指導の成果を区別するという、大きな難題に直面します。教師のパフォーマンスを評価する上で、生徒が学んだことと教師が教室で実際に行ったことを関連づけることは、きわめて重要です。

8　生徒のさまざまな種類の学習データは、それらの限界に応じて評価過程で考慮される必要がある

付加価値推定に伴う誤差範囲と不安定性が大きいこと、また、それらが教師個人以外の多くの要因を表しているという事実を考慮すると、そうした推定は誤りを起こしやすいものとして扱う必要があることは明らかです。一部の教師にとっては非常に不正確であるため、予め重みづけを特定するべき

ではありません。他のデータについても、クラスに基づくものであれクラス外のものであれ、何が測定され、証拠から何が推論できるかに関して、特有の限界があるかもしれません。このため、どのようなデータ源であっても、常に生徒の学習や教師の実践の他の証拠と併せて検討する必要があります。

9　生徒の学習の証拠の使用は、教育者、研究者、システムにとって継続的な研究の源となるべきである

独立した研究者が、教師の評価システムと結果を継続的に調査し、疑問点や問題点を特定し、改善を提案する必要があります。すべての評価データの定期的、徹底的な分析が必要です。テストによる推定値が使用されている場合はそれらも含め、異なる尺度（異なるテスト、または他の学習の証拠、教師の能力の異なる測定、またはデータの分析や結合の異なるモデルに基づくもの）から異なる推定値が得られるかどうかを調べます。VAMの推定値が何を測定しているかに関するすべての疑問を考慮すると、他のより安定した測定値よりも正確であると前提せず、VAMの測定値と、生徒の学習や教師のパフォーマンスに関する他の測定値との間の一致を調べるための研究を毎年行う必要があります。

生徒の学習の証拠の生産的な活用

現在の付加価値分析に欠点があるからといって、各地区が、生徒の強力な学習を生み出した教師を認定したり、報酬を与えたりできないというわけではない。

現在の付加価値分析に欠点があるからといって、各地区が、生徒の強力な学習を生み出した教師を認定したり、報酬を与えたりできないというわけではありませんし、他の教師を支援したり、最もニーズの高い生徒を担任したりする動機づけを生み出すことができないというわけでもありません。すでに見たように、教育の評価に、クラス、学校、地区レベルで行われる学習の事前・事後テストや、教師自身によって集められたさまざまな学習の証拠など、生徒の学習についての他の尺度を用いることができます。

そのような証拠は、教室での評価と記録、あるいは特定のコースやカリキュラム領域での生徒の学習に関する事前・事後テストによる測定（個々の教師、教科部門、学校の教職員、地区の教職員によって開発されたもの）から引き出すことができます。他の可能性としては、採点された文学エッセイ、科学的な探究、歴史レポート、美術のポートフォリオなど、教育活動に関連した生徒の成果についての証拠があります。いくつかの地区では、全米専門的教育基準委員会の認定ポートフォリオに含まれているような、多様な生徒の学習についての教師の丁寧な記録による証拠を活用しています（例については、巻末付録を参照)。

カリキュラムや指導している生徒にとって妥当かつ適切であれば、標準テストの結果の分析を含めることができます。異なる生徒のために異なるアセスメントが必要でしょう。たとえば、新入の英語学習者のための英語能力テストや、特別支援の生徒のための個別教育計画(individual education plans: IEPs)に関連する評価や代替評価などです。クラスによっては、大学単位認可試験や国際バカロレア試験など、教えているカリキュラムに関連したテストが適切でしょう。学校、地区、州、国、あるいは国際的なレベルで開発されたテストから、こうした証拠を得ることができます。たとえば、キャロリン・アボットの場合、生徒が学んだ「リージェンツ統合代数カリキュラム」のテストは、彼女の生徒の学習に関する証拠のうちの一部と論理的に見なせるでしょう。テストを使用する場合、常に、生徒の取り組みを含むより広範なデータの一部である必要があります。

教師は証拠を、生徒の出発地点と特性を考慮した、幅広い学習の成果に関する生徒の進歩を示し説明する、ティーチング・ポートフォリオとしてまとめることができます。教師が、秋学期と春学期に実施する独自のクラス・アセスメント――特殊な生徒(たとえば、特別支援の生徒や、英語学習者)の学習目標に合わせた測定を含む――を、生徒の進展を評価する方法として活用している学校もあります。学校や地区によっては、特定の学年やコースで使用される共通の評価を持っているところもあります。こうした評価方法は、証拠のポートフォリオの一部として、特定のカリキュラム目標を達成しようとする際の教育効果を記録することができます。

特定の教科における生徒の学習の尺度には、採点された文章作成の典型事例や研究プロジェクト

（初稿から最終稿まで含む）、間違いの分析、生徒の読解の長期にわたる記録、あるいは音楽の演奏などが含められるでしょう。これらの尺度は、カリキュラムに特化しているため、通常、特定のコースや教科における生徒の学習のよりよい指標となります。また、特定の教師の指導の効果を把握しやすく、ほとんどの生徒、またはすべての生徒について用いることができるでしょう。教師は、支援したウェスティングハウス科学コンテスト賞や、生徒が達成した特定の画期的な成果を記録し、これらの成果を支援した教師としての役割を証拠とすることもできます。

目標設定と生徒の学習の評価

生徒の成績に関する初期情報に基づいて学習の一つ以上の側面について生徒の目標を設定し、多様な尺度を用いてこれらの目標に向けた進展を評価する評価システムを教師に求める州や地区の数が増えています。

いくつかの革新的な教師評価プログラムは、こうした戦略をかねてより含んでおり、生徒の学習の多様な種類の証拠を用いています。たとえば、ロチェスターの昇進プログラムでは、教師の決定する生徒の学習の証拠が、教師のポートフォリオに集められます。デンバーの「プロコンプ」システム[42]では、教師が校長と協働で年間二つの目標を設定し、地区、学校、または教師が作成した成長を示す評価を使用して、これらの目標に向けた生徒の進展を記録します。アリゾナ州では、目標を設定し、生徒の学習成果に関するデータを集約するために、地区によっていくつかの異なる戦略を作成しています（第4章の例を参照）。

受賞歴のあるカリフォルニア州ロングビーチでは、個人として、チームとして、また学校レベルでの目標を教師が設定する。

受賞歴のあるカリフォルニア州ロングビーチは、その大きな業績と着実な学力格差の縮小で広く知られているマイノリティ地区です。そこでは、個人としての、教科部門または学年レベル内のチームとしての、また学校レベルとしての生徒の進展のための目標を教師が設定します。これらのデータは、「教育専門職のためのカリフォルニア基準」と関連した、基準ベースのパフォーマンス観察に基づいて、彼らの実践についての情報を補います。自己評価とスーパーバイザーの評価の両方で、教師の個人目標とグループ目標への進捗が検討されます。評価を受ける者は、自身の目標達成度の査定方法を提案します。用いる証拠は以下のようなものです。

- 教師の観察と判断
- 逸話的および累積的記録
- 学習のコースまたは学習の過程における成功と進展
- 事前テストおよび事後テストのための、教師、教科部門、または学校作成のテスト
- カリキュラムに関連したテスト
- 必要かつ利用可能な場合の視聴覚資料の使用
- 生徒の自己評価

- 生徒や保護者との評価のための議論
- 生徒の過去の学習成績の記録
- 成長を示すために集められた生徒の作品のファイル
- アクションリサーチ[43]

地区が明確で継続的な機会を作りだし、そこで学校、教科部門、学校レベルのチームが、生徒の取り組みやさまざまな種類のテスト得点データをレビューし、クラス内およびクラス間の進展を評価し、カリキュラムと教育方法を議論し、個人や生徒集団のニーズにかかわる問題を解決し、進展のための計画を立てます。

ロングビーチにおけるデータ分析の実践は、全米専門的教育基準委員会の認定教師、レニー・ムーアの主張を反映しています。

> 新しい生徒評価の重要な構成要素の一つは、成果が生徒を担当する個別の教師だけに与えられるのではなく、教師たちがさまざまなかたちで、テストデータの解釈と議論に一緒に関与することだと思います…この種のデータ解釈は、事実上のピア評価の形態と言えるでしょう。[44]

ロングビーチでのこうした問題解決プロセスの一つの成果は、最も専門的な教師が最もニーズの高い生徒を引き受けるよう促されることです。才能のあるベテラン教師は多くの場合、そうした生徒を最も前進させることができるため、生徒はそうでない場合よりも成績を向上させることができます。一方で、より容易なクラスを受け持った他の教師は、より大きな成功を経験することができます。誰もがよい成果を得ることができるのです。個別の教師評価に州のテスト点数の向上を利用することは、最も厳しい職務を引き受けた教師に罰則を与え、教師の協働を弱体化させて、地区の成功実践を台無しにしてしまうと、クリス・スタインハウザー教育長は考えています。ロングビーチでは、そうではなく、教師評価システムが共同的な改善の文化を支えています。

最近の州の取り組み

州や地区によっては、目標設定プロセスを構築する手段として、生徒の学習目標（Student Learning Objectives：ＳＬＯｓ）のシステムを採用しています。このプロセスでは、生徒がどのように進展しているかを評価するために、教師が学習の証拠を集めます。概念的には、ＳＬＯｓの考え方は、カリキュラムとクラスの取り組みから有機的に生み出される証拠を引き出すことを意図しています。アメリカ調査研究所による最近の記述には、以下のようなものがあります。

- プレゼンテーション、プロジェクト、ルーブリック採点による課題など、パフォーマンスベースの評価
- 学習の経験の前後での知識や技能を示す、年間を通じての典型事例を含む生徒の学習課題のポートフォリオ

• 州または全国規模のテスト
• 教育者、学校、または地区が作成したテスト[45]

カリキュラムを目標から選択し、基準と関連づけたら、教師は生徒の出発地点を考慮して、クラス全体または生徒の特定集団、コース全体またはコース内の特定のスキルや内容、評価指標における具体的な目標を設定します。評価プロセスにおいては、目標や生徒の学習の証拠が、教師の実践の証拠と共に検討されます。このプロセスは、また、共同での問題解決を強化するよう設計することができます。ある見方では、次のように述べられています。

実践についての教師間の協働と振り返りを促すために、SLOsを用いることができる。教育者は、孤立して仕事をすることは期待されていない。地区全体、教科レベル、学年レベル、あるいはチームベースのSLOsを設定することで、教育者は生徒のために共通の学習目標を設定し、すべての生徒のニーズを満たすために共に働くことができる。さらに、SLOsの発展サイクルでは、特別支援教育の教師、英語学習者の専門家、言語療法士、カウンセラー、カリキュラム・評価・データの専門家などの、生徒の学習を支援する専門家に教育者が指導と援助を求めることを奨励している。[46]

しかし、この潜在的に価値あるアプローチは、州や地区によって異なるかたちで発展してきました。SLOsを狭く解釈して、主な焦点が標準テストに置かれ、個々の教師をランクづけするために用いられている場合もあります。学習についてより広く概念化し、教室での実践とのより密接な関連を維持することを主張している州もあります。たとえば、ロードアイランド州教育省は、ＳＬＯｓは、教師が新しい評価を作成したり、使用したりすることを要求するべきではなく、学年または教科内で生じる最も重要な学習を測定する、カリキュラムに埋め込まれた質の高い評価を選択するよう主張しています。[47] 同省のウェブサイトに掲載されているＳＬＯｓの例としては、ポートフォリオやパフォーマンス課題に加えて、小論文や他の形態の生徒の学習課題があります。[48]

オレゴン州とワシントン州では、この種の目標設定と、生徒の学習に関する複数の評価指標を用いた評価を含む、州全体のシステム開発に取り組んでいます。たとえば、オレゴン州では、教師は、スーパーバイザーと共に、生徒の学習目標を少なくとも二つ設定し、目標達成の判断のために使用する戦略と尺度を特定します。また、教師は、どの証拠（少なくとも二つ）によって、各目標の進展を記録するかを決めます。それは、教室を基礎としたものと、外部評価を含んでおり、担当するカリキュラムや生徒に最も適したものを基本とします。年度末には、結果の分析と考察を行い、どのような戦略、支援、リソースが有効であったか、また、今後、どのような戦略を追求するかを明確にします。

マサチューセッツ州の新しい教師評価システムは、州教育省とマサチューセッツ教師協会の協働によって開発されたものです。教師の目標設定プロセスを通じて選択された生徒の学習の証拠と、クラスや家庭に対する教師の実践、専門的貢献の証拠が組み合わされます。基準について評価するために用いられる尺度には、授業の観察や成果物、活動や成果の記録、生徒の学習に関する複数の情報源からの証拠、生徒からのフィードバックが含まれます。このシステムは、証拠が完全に統合されたかたちで検討されるように設計されており、どんな単一のデータ源に対しても重みづけや固定された比率はなく、教師の学習が確実に支援されることを目的としています(囲み「マサチューセッツ州の複数尺度の評価システム」参照)。

マサチューセッツ州の複数尺度の評価システム

マサチューセッツ州では、教師と管理職の両方を対象に、実践、専門的貢献、生徒の成果を、統合的なプロセスにおいて検討する複数評価システムを採用しています。教師の基準は、次の点に焦点化されています。

1　カリキュラム、計画、査定

質が高く一貫性のある指導を提供すること、真正で有意義な生徒査定の設計と管理を行うこと、生徒の成績と成長データの分析を行うこと、このデータを使用した指導の改善を行うこと、建設的なフィードバックを継続的に提供すること、そして、学習目標を継続的に改善することによって、すべての生徒の学習と成長を促す。

2　すべての生徒に教える

高い期待を確立し、安全で効果的な教室環境を作り、文化的熟達度を示す教育実践を通じて、すべての生徒の学習と成長を促す。

3　家族や地区社会の関与

家族、養育者、地区社会のメンバー、関連機関との効果的なパートナーシップを通じて、すべての生徒の学習と成長を促す。

4　専門性の文化

倫理的、文化的に熟練し、熟達した、協働的な実践を通して、すべての生徒の学習と成長を促す。

その評価において用いられるエビデンスの収集には、以下が含まれます。

1　生徒の学習に関する複数の尺度。州の基準に沿ったクラスの査定における生徒の進展の測定、教育者と評価者の間で設定された年度の学習目標に対する生徒の進展の測定、適切かつ利用可能な場合には地区または州の測定などが含まれる。

2　授業の観察および成果物に基づく実践についての判断。

3　自己評価、同僚との協働、目標や教育者の計画と関連した専門性の発達、学校コミュニティや専門家文化への貢献など、専門家としての責任と成長の証拠。

4　家庭への積極的なアウトリーチと継続的なかかわりを示す証拠。

5　教師に対する生徒のフィードバック、管理者に対する職員のフィードバック。

単一のデータ源に対する固定した割合は存在しません。データは統合され、不十分から模範的までの評価は、州が開発したルーブリック、または州が承認したルーブリックのいずれかによって、複数のカテゴリーの証拠を用いて決定されます。

出典：http://www.doe.mass.edu/lawsregs/603cmr35.html?section=07.

マサチューセッツ州のシステムやこれまで述べてきた他のシステムが示唆するように、幅広い学習の成果や教育活動を含み、それらが評価のプロセスによって価値づけられ、推奨されるような評価システムを構築することが可能です。生産的な戦略のきわめて重要な特徴の一つは、指導を振り返り、改善に利用するために、生徒の学習に関する証拠を収集し、検討し、解釈し、利用することを教師に求めることです。同様に重要なのは、生徒の学習に関する証拠に、教師がより効果的な方法で対応できるようにするための知識とスキルを与える、継続的な専門的学習の動機づけと機会です。次章ではこの課題について述べます。

第6章 有意義な専門家の学びを支える

専門性の発達の最も効果的なかたちは、教師の指導実践と直接関連し、集中的、持続的で、学校改革努力と一体化し、教師が協働的な専門家の共同体に積極的に関与するものだという合意の高まり［があります］。

——ルース・チャン・ウェイと同僚たち[1]

教師評価制度が、教師の成長という点で意味のあるものになってくると考えたいのですが……［たとえば］私はアクションリサーチ・プロジェクトで、ある教師グループと仕事をしました。私たちは、どのようにして中学生が教室の会話を通して互いにより学びあうのかを知りたかったのです。生徒にほとんど話をさせなかったある教師が、徐々に実践を変えたところ、数か月後には生徒が常に互いに質問し、刺激しあうようになりました。彼は、生徒全員から、より深いレベルの理解を見るようになりました。彼は、同僚の見本や支援がなかったら、教育の「壇上の賢人」モデルにはまり込んだままだったろうと認めました。

——キャシー・マーシャル、教師指導者ネットワーク特別研究員、ディズニー創造的教室賞受賞者[2]

最終的に、正規の専門性の発達と、仕事に埋め込まれた学びの機会双方を評価システムに関連づけることが重要です。評価が単独で実践を改善することはありません。有効なフィードバックには、学びの機会が伴っていなければなりません。評価は、教師が取り組みたい領域における継続的な目標設定、特定の専門性発達の支援とコーチング、教師の強みとニーズを認識する一環として専門性を共有する機会をもたらすものでなければなりません。先の章で明らかになったように、教師が目標を設定し、管理者や同僚の助けを得て目標を追求するとき、有意義な専門家の学びを刺激するために評価を用いることができます。それに加えて、より一層支援が必要な領域に警告を与えるために評価を用いることもできます。その支援は、専門性の発達サイクルの進行を通して得られるようにすることができます。

> 有効なフィードバックには学びの機会が伴っていなければならない。

どのような種類の機会が専門的な成長を支えるのか、という考えを見直すことも重要です。全米教職員発達評議会が出した最近の報告によれば、専門家の学びは以下のような結果であると言えます。

> 公式な専門性の発達、および、専門家の学びの他の、たとえば、共に計画を立てる時間や、生徒の学習課題への取り組みを検討するための共有の機会、内省のための道具など、正規の専門性の発達事象の範囲を超えて起こるであろう機会の両方である…　専門家の学びは、外から与えられる活動と、教師の知識を増やし、生徒の学習を支えるよう指導実践を変化させる、仕事に埋め込まれた活動の双方から生まれる。このように、公式な専門性の発達は、専門家の学びをもたらす可能性のある多様な

経験の一部なのである。[3]

決定的に重要なのは、専門家の学びの機会が質の高いものであることです。アメリカで主流の気軽で、場当たり的な流行りの放課後ワークショップではなく、教師が実践を改善することが示されている、持続的で焦点化された種類の学びを利用できるべきです。たとえば、ある実証研究のレビューによると、特定のテーマについて年14時間未満しか専門性の発達が提供されなければ生徒の学習に効果がないのに対して、平均して6〜12か月間にわたる約50時間の質の高い専門性の発達プログラムにより、平均21パーセンタイル、生徒の成績が上がりました。[4] これらの質の高い機会は、通常以下のようなものです。

> 特定のテーマについて年14時間未満しか専門性の発達が提供されなければ生徒の学習に効果がないのに対して、平均して6〜12か月間に約50時間の質の高い専門性の発達プログラムにより、平均21パーセンタイル、生徒の成績が上がった。

- 特定のカリキュラム内容の学びと教育に焦点を当てている
- 実践に関する実際の問題を中心に系統立てられている
- 教師の子どもとのかかわりに結びついている
- 教育や生徒の学びの分析と連関している
- 集中的で、持続的で、長期にわたっている

- コーチング、モデリング、観察、フィードバックにより支えられている
- 専門家の学びの共同体における教師の協働的な仕事へとつながっている
- カリキュラム、指導、査定にかかわる学校と教室の計画と統合されている

そのような機会には、特定の方略や特定のカリキュラムの教育に焦点を集中した研究機関も含まれるでしょう。そこには、教師が教室内でいろいろ試したり、コーチングを受けたり、自分の経験を共に振り返ったり、アプローチを見直して改良したり、実践の反復サイクルや振り返り、微調整において洗練されたスキルを磨いたりするなどの豊富な機会があります。教育の観察やビデオや生徒の学習課題への取り組みの典型事例、研究グループ、アクションリサーチ・プロジェクト、同僚間の観察、学年レベルや部門別チームにおける協働的な計画と評価を分析する機会も含まれるかもしれません。[5]

そのような取り組みから得られる大きな潜在的利益により、地区の専門性の発達の再設計が確実に価値あるものになります。効果的な専門家の学びは実際の教室実践と結びついているため、基本的に効果のない個別訓練に時間をとるよりも、教師の実践を支えるという利点もあります。

しかし、この種の専門性の発達は、アメリカにおいては比較的まれです。全国データによると、大半の教師が毎年、何らかの専門性の発達に参加しているにもかかわらず、1～2日間以上、教育の何らかの側面について勉強する機会を得ている人はほとんどいません。そして、半分未満しか、何らかのメンタリング、コーチング、共同研究にかかわっていません。[6] 初任教師のためのメンタリングプログラムはますます一般的になっていますが、約半分の初任者しか、自分の教育分野における教師から

定期的なメンタリングを受けていないか、他の教師と共に計画を立てる時間がありません。[7]

概して、実践に変化をもたらすことはほとんどない類の短期ワークショップが、アメリカの教師にとって最もありふれた学びの機会です。２００８年には、たとえば、80パーセント以上の教師が教科内容に関する専門性の発達に参加した一方で、その年の間にこの領域で専門家の学びを32時間以上経験したのは25パーセント未満でした。60パーセントの教師が読みの指導に関する専門性の発達を受けましたが、２日間以上これらの問題に取り組んだのは20パーセント未満でした。障害を持つ生徒や、英語学習者ための教育方略に関する８時間の専門性の発達を受けたアメリカの教師は、この領域についてもっと学ぶ機会がほしいという強い要望があるにもかかわらず、半分未満でした。[8]

効果をもたらす専門家の学び

かつての状況に比べて、今日では教育実践と生徒の学びに改善をもたらす専門家の学びの特徴について、はるかに多くのことが知られています。ここに述べる四つの特徴が特に重要です。[9]

１　専門性の発達は、集中的、継続的で、実践とつながっているべきである

先に述べたように、教師の専門性の発達の大半は、今もなお、時折開催されるワークショップ形式で行われ、せいぜい１日か２日間であることが大半です。そして、それぞれ別個のトピック（学級

経営、読書指導、科学技術の使用、特定の教科書シリーズの使用法など）に焦点が当てられており、教室の実践とのつながりは教師の想像力に任されているのです。しかし、そのような実践と切り離された一時的なワークショップでは、教師が所与の教科について厳密で蓄積的な研究をしたり、教室でアイディアを試してみたり、結果を振り返ったり

> かつての状況に比べて、今日では教育実践と生徒の学びに改善をもたらす専門家の学びの特徴について、はるかに多くのことが知られている。

模範事例を見たり、コーチングを受けたり、するのに必要な時間はありません。

教師の実践における変化を見いだした調査が、この常識的な結論を支持しています。すなわち、集中的で持続的な専門性発達の活動は、特に、教師の計画と指導に関する知識の活用を含むとき、教育実践に影響を与える可能性がより高くなります。そしてそれが次には、生徒の学びの伸びへとつながります。[10] 確かに、専門性発達の活動の継続時間が長いほど、教師と生徒の学びにより強い影響を与えるように見えます。それは一つにはおそらく、そのような持続的な努力には、一般的に実践への応用が含まれており、たいてい研究グループやコーチングの支えがあるからでしょう。

先に述べた実証研究に加えて、探究型の科学的指導を発展させるための1年間のプログラムに関する二つの別個の評価によると、専門性の発達を80時間以上受けた教師は、もっと少ない時間しか受けなかった教師と比べて、有意に多く、望ましい教育方略を実践に取り入れていました。さらに、教師がそのような専門性の発達の活動に加わるほど、翌年の生徒の成績がよかったのです。[11]

これらの結果は、集中的で継続的な専門性の発達プログラムの価値に関する教師の信念と呼応しま

す。全国調査の結果によれば、教師は現職中の活動は、長期間続けられる場合に最も効果的であると考えており[12]、専門性の発達はその継続期間が長いとき、最も役立つと評価しています[13]。

2　専門性の発達は、特定の学問的な内容の教育と学びに焦点を当てるべきである

専門性の発達に関する活動が最も効果的なのは、特定の学問内容の教育や学習にかかわる具体的な日々の課題に取り組むときであって、文脈から切り離された抽象的な教育方針や、教育方法に焦点を当てるときではないということが調査によって示唆されています。たとえば、教師は専門性の発達の状況において、彼らのモデルとされる教室の実践に取り組む傾向が高いことを研究者は見いだしました[14]。同様に、教師自身が専門性の発達を最も価値があると判断するのは、「実践的」ワークを行って、学問内容やそれを生徒に教える方法に関する知識を築く機会が与えられたり、ローカルな文脈（特定の学校リソース、カリキュラム・ガイドライン、説明責任制度など）が取り入れられたりする場合です[15]。

同様に重要なのは、教師が生徒に学んでほしい概念やスキルがどれなのかを正確に見極め、生徒が悩みやすい内容を特定できるようになる専門性の発達は、教師の実践と生徒の成績を向上させることがわかったことです[16]。この目的のために多くの場合有用なのは、教師が生徒に教えようとしているまさにその題材を勉強する立場に自分を置くことです。たとえば、小学校の理科教師に焦点を当てた有名な研究があります。教師たちは100時間の夏の研修に参加し、標準的な「学習サイクル」に積極的にかかわりました。つまり、現象を調べ、生じたことを説明する理論を考え出し、それを新たな文脈に適用するのです。このプロセスを経験した後、続けて教師は独自の単元を発展させることに取り

組み、クラスに戻る前に互いに教えあいます。その後、研究者がクラスの生徒をランダムに選んでテストしたところ、夏の研修に参加しなかった教師に教えられた統制群の生徒より、科学的推論の査定で44パーセント、点数が高かったのです。[17]

生徒が最もよく間違い、誤解するところを特定したり、生徒がある一定の概念やスキルを身につけるとはどういうことかについて共通理解に達したり、使える、あるいは使えない指導方略はどれなのか、誰に使えるのかを見いだしたりするために、生徒の成績データや学習課題への取り組みの典型事例（科学プロジェクト、エッセイ、数学の問題など）を教師グループが分析することも役に立つでしょう。[18] 注目すべきは、三つの成績優秀校に関するある研究によると、生徒の成績が高いレベルにあることは一部、教師が生徒の成績の複数のデータソースを調べ、それらのデータを指導の改善方法に関する議論の情報源として定常的に用いていることに関連していることが見いだされたことです。[19]

> 生徒が最もよく間違い、誤解するところを特定したり、生徒がある一定の概念やスキルを身につけるとはどういうことかについて共通理解に達したり、使える、あるいは使えない指導方略はどれなのか、誰に使えるのかを見いだしたりするために、生徒の成績データや生徒の学習課題への取り組みの典型事例を教師グループが分析することも役に立つだろう。

3　専門性の発達は、学校の他の取り組みとつながっているべきである

専門性の発達がより効果的になりやすいのは、それがより大きな学校改革努力に統合された一部分

となっている場合であり、活動が孤立していて、その学校で進められている他の取り組みや変化とほとんど関係がない場合ではないことが、研究によって示唆されています。[20] もし教師が、ワークショップで行うよう促されたことと、地区のカリキュラム・ガイドラインや教科書、査定の実践などに求められていることが関係ないと感じたら——つまり、もし学んだ方略を容易に実行できず、新たな実践が支援されない、あるいは促進されないなら——専門性の発達はほとんど影響を持たないことになりがちです。

入念に統合された専門性の有名な発達モデルの一つが、オハイオ州で実施された全米科学財団の発見プログラムであり、生徒の科学の成績を伸ばすための州を挙げた努力の一環として、教師への継続的な支援が提供されました。州の基準と結びついた科学内容の知識と指導に焦点を当てた集中的な6週間の研修の後、教師はカリキュラムと査定に焦点を合わせた一連の六つのセミナーに出席する時間が与えられました。さらに、要望に応じて地区のスタッフ開発者の支援と訪問を受け、ニューズレターや年次大会を通して仲間と連絡を取り合いました。独立した評価によれば、この支援の組み合わせにより、州全体で推進されている科学への取り組みに沿った探究型の指導的実践が顕著に、そして継続的に増えました。[21]

4　専門性の発達は、教師間の強い仕事上の関係を築くべきである

学校が工場モデルで設計されたため、アメリカの教師は共に授業を計画し、指導を与え、生徒を評価し、カリキュラムをデザインし、管理上あるいは経営上の決定を行うために協力する機会がめった

にありませんでした。しかし、学校が教科別部門内や部門を越えて、あるいは学校全体の教師間で生産的な仕事上の関係を生み出すことに戦略的、かつ持続的であれば、指導における一貫性が強まり、実践を共有したり新しい教え方を試したりしようという意欲が高まり、実践に関する問題解決に成功しやすくなるという利益があることが、研究により示されています。[22]

おそらく専門家の孤立を崩す最も単純な方法は、教師が互いの教育を観察し、建設的なフィードバックを与えあうことです。「批判的仲間集団」——全米学校改革協会によって開発された同僚間観察システムで、教師が観察や応答を導くために用いる一連の手順などを含みます——を実施する学校の評価において、単に教材を取り上げるのではなく、生徒が確実にその教科を身につけることに焦点を絞ることで、教師の指導がより生徒中心になったことを研究者は見いだしました。これらの学校の教師はまた、参加しなかった教師より学びの機会が多く、より効果的な実践を展開し続けたいと強く望んでいることも報告されています。[23]

> おそらく専門家の孤立を崩す最も単純な方法は、教師が互いの教育を観察し、建設的なフィードバックを与えあうことである。

> 大規模研究によって、専門家の共同体の構築が教師の知識を深め、スキルを高め、指導を改善できる具体的な方法が確認されている。

いくつかの大規模研究によって、専門家の共同体の構築が教師の知識を深め、スキルを高め、指導を改善できる具体的な方法が確認されています。[24] たとえば、大改革を行った１５００校を対象とした包括的な5年間の研究によると、教師が活発な専門家の学びの共同体を形成した学校では、数学、科学、歴史、読みで成績が向上し、長期欠席率や退学率が下がりました。さらに、教師の専門家の共同体の特定の側面――知的目的に関する共有の意識と、生徒の学びに対して連帯責任を負うという意識――が、低所得層と中間所得層の生徒間の数学や科学の学力格差を狭めることと関連していました。[25]

> 強力な専門家の学びの共同体には、ビジョンを確立し、機会と期待を生み出し、必要なリソースを見つけ出すリーダーシップが求められる。

強力な専門家の学びの共同体には、ビジョンを確立し、共同作業の機会と期待を生み出し、仕事を支えるために必要なリソース、たとえば専門性や会う時間などを見つけ出すリーダーシップが求められます。[26] 協働的な教師チームは、以下によって、実践を共同して生産的に探究できます。

- 生徒の進歩に関するデータを検討する
- 生徒の学習課題への取り組みを分析する
- 学びを促進するための効果的な方略を決定する
- カリキュラムの単元や授業を設計し、批評する
- 互いに観察し、コーチングしあう
- 進度を測定するために、教室中心の共通の査定を開発し、記録する[27]

徐々に、専門家の学びの機会が職業の連続体の一部として概念化され、それにより教師が専門性を

手にし、共有するよう促すならば、この仕事はより深く支えられるでしょう。生産的な昇進（あるいは異動）により、そのような共有が生じる道が開け、教師はメンターや指導教師、カリキュラムや査定の専門家、学校改善活動の指導者としての役割を担っていきます。

共同的専門性の構築

よい教育実践を増やしていくという挑戦は[28]、一方では教育的な指導力や専門的な教育を広め、高めていくことにあり、他方ではシステム全体にわたる規模での効果的な組織の設計を促すことにあります。したがって、実践を改善するという仕事は、個別的ではなく、共同的なものとして概念化されなければなりません。

> 実践を改善するという仕事は、個別的ではなく共同的なものとして概念化されなければならない。

個人の実践の中核となる具体的な方略を学び、身につける機会は重要であり、その機会は、特定の授業や教科に関するネットワークや会議に参加することを通して得られるかもしれません。しかし、学校の職員間で、共同的な能力とカリキュラムの一貫性を生み出すことも重要です。

特に焦点化されたアプローチは、「教師昇進プログラム（Teacher Advancement Program: ＴＡＰ）」で用いられているものです。ＴＡＰは昇給の要素を評価と結びつけていたため、当初は革新的な給与体系として広くもてはやされました。しかし、そのプログラムで最も有用だと教師が気づいたのは、その持続的なフィードバックシステムが、協働の時間と専門性の発達に結びついていることでした。[29] 実際、TAP実施校における教師態度の調査で、以下のことが見いだされました。70パーセントが同僚性を支えるプログラムの側面に非常に熱心であり、60パーセントが仕事に埋め込まれたアプローチが専門性の発達のために非常に役立つことを見いだし、57パーセントが教師評価システムが実施されたことを非常に支持し、76パーセントが受け取ったフィードバックを自分の実践を改善するためによく用いていると述べました。しかし、業績給の要素を熱心に支持していたのは18パーセントのみであり、それは教師の改善のために最も重要な動機づけではないことを示唆しています。[30]

TAPの評価手段は、全米教職専門職基準委員会とINTASC（州間新任教師査定・援助連合）の基準、およびニューヨーク州のコネティカットとロチェスターで開発された査定ルーブリックをもとに開発されました。[31] TAPシステムの「指導に焦点化した説明責任」では、各教師は年4〜6回、教育の有効性の証拠をもとに、TAP昇進の階梯を上ってきた優秀／メンター教師と、評価者としての研修を受けて認定された校長から評価されます。この研修は4日間にわたる厳しいもので、研修者は、教育を正確かつ確実に評価する能力に基づいて認定された者でなければなりません。このシステムを用いる準備を整えて、教師はルーブリックと、ルーブリックが教育や学習に持つ意味を学び、ルーブリックを用いて撮影された教育のエピソードを見て評価し、実践評価を行います。それぞれの観察の後、評価者と教師は集まって気づいたことを議論し、継続的な成長に向けた計画を立てます。

TAPは、継続的な専門性の発達、メンタリング、学級支援を統合して、教師がそれらの基準を満たす手助けをします。

セッションは、指導教師とメンター教師によって進められ、TAPの教育基準によって測定される指導的実践の説明がなされる。彼らは、専門性発達ミーティング（「クラスター」として知られる）や教室においてそのような実践モデルを見せる。ここは中核となる協働が起こる場所である。教師は生徒のデータを分析し、新しい指導的方略を学んで、生徒の学習を改善する。指導教師は、生徒の成績データの詳細な分析に基づいて方略を選択する……指導教師が新たな方略を紹介した後、教師はそれを自分のクラスで使用し、その方略が適用された前後の形成的評価データを用いて、指定されたクラスターミーティングを持つ。方略がどの程度うまくいったかを議論し、必要であれば改善する。[32]

指導教師とメンター教師は、教師に個別指導も行い、授業のモデル提示や実演をし、教室の外で教師と会います。TAP実施校の教師の報告によると、これらの機会は、提供される集中的な専門性の発達と併せて、自らの実践の改善や生徒の成績の向上に大いに関与しています。そしてそれは多くのTAP実施校で起こっていることです。[33] この仕事を支えるために、TAPは協働的な計画と学びのための時間を定期的に提供できるよう、その学校を再編成します。

協働的な計画と学びのための時間を生み出す

実際、ヨーロッパやアジアの成績優秀国に共通して見られるように、最善のシステムは通常、授

> ヨーロッパやアジアの成績優秀国で共通して見られるように、最善のシステムは通常、授業日に教師が共に働き学ぶための時間を生み出している。

業日に教師が共に働き学ぶための時間を生み出しています。それらの国では、教師は一般的に週に15〜25時間ほど共に計画し働くための時間があります。[34] 経済協力開発機構（ＯＥＣＤ）によると、ベルギー、デンマーク、フィンランド、ハンガリー、アイルランド、ノルウェー、スウェーデン、スイスの学校の85パーセント以上が、教師の勤務日あるいは勤務週に、専門性の発達のための時間を提供しています。[35] 時と共に、この共同的な投資は、教師の個別の努力よりも、生徒の学びに大きな利益をもたらしています。

アメリカの教師の総授業時間はＯＥＣＤ諸国の教師より多く、年間１０００時間以上あります。ＯＥＣＤ平均の小学校年間８００時間、中等学校年間６６０時間よりはるかに多いのです。[36] このように、成績優秀国の教師が、自分の時間の約半分をよりよく教えるための準備や学びに費やすのに対して、アメリカの教師の大半は授業日に同僚と共に働く時間がほとんど、あるいはまったくありません。彼らに与えられるのは通常、週に約3〜5時間のみで、自分で計画を立てたり、放課後にいくつか「そのつど必要に応じて」ワークショップを受けたりしますが、知識を共有したり、自分の実践を改善したりする機会はほとんどありません。２００９年のメットライフ調査によると、アメリカの教師は平均して週２・７時間しか協働の時間がありませ

> 成績優秀国の教師が、自分の時間の約半分をよりよく教えるための準備や学びに費やすのに対して、アメリカの教師の大半は授業日に同僚と共に働く時間がほとんど、あるいはまったくない。

ん。そして、2008年に、自校の職員間で協働的な努力をかなり行ったと報告したのは16パーセントの教師のみで、2000年の34パーセントより下がっていました。[37]

協働的に計画する時間の不足により、アメリカの教師には、高度な実践を伸ばしていくための機会が少ないのです。アメリカのいくつかの再編された学校が、この問題に取り組みました。時間とリソースを再設計して、より長い期間、共に計画を行う時間を設け、進行中の専門性の発達を広げることによって、生徒や教師の学びを支援したのです。時間を組み直すための主要な方略は、たとえば以下の通りです。

> 協働的に計画する時間の不足により、アメリカの教師には、高度な実践を伸ばしていくための機会が少ない。

- 他の補助的な職員の役割にではなく、教室での教育により多くの地位を割り当てる職員配属パターン。
- 毎日、より少ない教師がより長いまとまった時間生徒とかかわる、より合理化された中等学校のスケジュール。
- 教師がチームで動いて共通の生徒集団にかかわることを可能にする、組織的アプローチ。[38]

再編された高校が、共有の時間を週に7〜10時間確保した方法は、「より多くの教師を雇い、教育に無関係の職員を少なくする」「より合理化されたカリキュラムを、より在籍者数の少ない課程で実施する」「時間をより長い単位で構成することで、授業負担を軽減する」「生徒がクラブやインターンシップを行っている時間を、教師の協働のために使う」ことでした。

小学校もまた、さまざまに異なるモデルを生み出してきました。ある学校では、教師は毎週4日間全日学問的な教科の授業をし、5日目に丸一日使ってチームで一緒に計画をし、専門性の発達を追求することを決定しました。一方生徒は、音楽、芸術、コンピューター、体育、図書館、理科実験室の授業を交代で受けることにしました。専門化と教室移動を減らし、特殊教育の教師をチームに組み入れ、個別のタイトルIクラス〔訳注：学力向上のための連邦プログラム〕をやめ、全生徒の集団の大きさを小さくすることによって、共に計画を立てる時間を作った学校もありました。他には、ある午後を協働の時間として自由にするために、日々時間を加算することによって、時間を「貯める」学校もあります。たとえば、生徒のレクリエーションや放課後の活動を企画して、教師が共に計画を立てられるようにするのです。[39]

教師がより有効性を発揮するようになるための状況を作りだすことは可能ですが、一部の伝統的な「学校教育の規則」に対する考え方を変える必要があるでしょう。[40]

継続的な学びのための枠組みを生み出す

学校と地区は、教師と校長に十分な組織的かつ指導的な支援を与えて、継続的な学びが可能な教師評価システムを実行できる状況を生み出さなければなりません。たとえば、教師と校長に必要なのは、「効果的な授業の共通理解を進める」「学びの証拠のために実践が生み出したものを検討する」「ど

教師と校長に必要なのは、「効果的な授業の共通理解を進める」「学びの証拠のために実践が生み出したものを検討する」「どのように学びが生じ、学びの証拠として何が重要なのかに関するお互いの仮説を調査する」「省察を促す」「効果的なフィードバックを与える方法を学ぶ」ための時間と指導である。

のように学びが生じ、学びの証拠として何が重要なのかに関する互いの仮説を調査する」「振り返りを促す」「効果的なフィードバックを与える方法を学ぶ」ための時間と指導です。このような学校単位の状況が整わなければ、教師評価プログラムが、進行中の専門家の学びを刺激する力は大きく阻害されてしまいます。

専門性を共有するためのシステムは、効果的なシステムの重要な側面です。アーカンソー州で先駆けとなった読み書きや数学の取り組みは、州が専門性の発達の支援に焦点を当てるようになると何が起こるかを示すよい例です。アーカンソー州は2005年に、年間の専門性の発達に求められる時間を30時間から60時間に増やしました。これらの時間には、共同のカリキュラム計画とチームで生徒のデータを分析する作業の時間が含まれます。いくつかの特筆すべき州全体の専門性の発達に関する取り組みによって、広範な同僚間の学びの機会が提供されており、その機会が実践と成果を変えるために必要なものであることが、調査によって確認されています。

そうした取り組みに、読み書きや数学の熟達に関する州規模の専門家集団があります。彼らは、すべての学校と地区に狙いを定めた研修を提供し、読み書きや数学における基準を基盤とした指導を行います。たとえば数学では、専門家が州全域にわたって200名以上の教師の指導者やコーチに支援と研修を行います。そしてその教師の指導者たちが今度は、地区の学校で教師の支援を行うのです。

州は「数学解法」に関する5日間の夏期研修コースも用意し、開催されるたびに数百人の教師が参加しています。コースとコースの間に、州の数学専門家が、追加授業やコーチング、共同的な問題解決などのフォローアップを行います。それにより、質問スキルや実践的経験を提供する能力を磨き、教師が学んだことを日々の指導的実践に使えるよう支援しています。ある数学解法の専門家は、「このシステムが整っている州を他に知りません…州全体で能力を育成するための新しいコースを計画しています」と述べています。2000年から2005年の間に、アーカンソー州の8年生が、全米学力調査において数学で最大の進歩をとげ、特にアフリカ系アメリカ人の生徒に大きな進歩がありました[41]。これらの進歩は継続しており、2011年までに、NAEP（全米学力調査）の「基本」レベルかそれ以上に達した4年生の割合は、10年前は55パーセントのみでしたが、81パーセントにまで増えました[42]。

システムを変えるためには、競争するのではなく、組織全体が協働し知識の共有を促すように、報酬が構造化されなくてはなりません。知識の共有は学びの組織だけではなく、教育の学び志向型システムを発展させるためにも必要です。これはたとえば、優秀な成績を上げているシンガポールで、改善のための主要な方略とされてきたものです。シンガポールでは継続的な評価と実践の調査が、教室内、教室間、地区と提携した学校間、システム全体で奨励されています[43]（囲み「シンガポールにおける教師評価と発達」参照）。

> 競争するのではなく、組織全体が協働し知識の共有を促すように、報酬が構造化されなくてはならない。

シンガポールにおける教師評価と発達

シンガポール国立教育研究所（National Institute of Education：ＮＩＥ）教師教育部長のウン・セン・タンは、現在アメリカが教師評価に焦点を当てていることは、「意図せず教師の全体的な発達と評価プロセスの必要性をわかりにくくしているかもしれない」と述べています。[44] シンガポールでは、教職は離職率の低い、尊敬を集める職業であり、生徒の成績は世界で最もよく、「教師評価と発達は形成的なものであり、批判的なものでも総括的なものでもありません」。[45] 教師の学びは、構造化された同僚間の探究の機会と昇進の双方によって支えられています。それによって、指導教師や、カリキュラムと査定の専門家、学校の指導者が育ち、そして、彼らが今度は、キャリアの連続体に沿って他の教師の発達を支えるのです。

教師は毎年、校長と部局長によって、生徒の全体的な発達への貢献に基づいて査定されます。それにはたとえば、（教室の証拠に基づく）生徒の学びの質、生徒のパストラルケア〔訳注：生徒への宗教的なケア〕とウェルビーイング、正課併行活動、親との協働などがあります。年間評価は、教師の発達に向けた歩みの段階を特定するために用いられ、それにはシンガポールの三つの出世コースの一つに乗って、最終的に指導教師やカリキュラム専門家、学校指導者になることが含まれます。

政府は、教師が共に働き学ばなければならない週20時間に加えて、毎年すべての教師のために100時間の専門性の発達の費用を負担しています。学校単位の学びを支援するために、上級教師と指導教師が各校におけるコーチングと教師の発達を指導するよう任命されます。NIEは教育省と共に研修を行い、教師が教室でアクションリサーチ・プロジェクトに取り組み、教育や学びの問題を検討し、他者へ広められる解決法を見いだせるようにしています。

教師の専門家の学びに対するシンガポールの多くの投資の中で、1998年に教育省により「考える学校、学ぶ国家」の取り組みの一環として教師ネットワークが設立されましたが、今では教師の発達を支援する新たな協会の一部となっています。教師ネットワークは、共有や協働、振り返りを通した教師主導の発達を促進するものとしての機能を果たしています。このネットワークには、知識を共有するためのウェブサイトや刊行物だけではなく、学習サークルや、教師主導のワークショップ、カンファレンスも含まれています。[46]

教師ネットワークの学習サークルでは、4~10人の教師とファシリテーターが、参加教師が選んだ共通する問題を、議論やアクションリサーチを用いながら、協働で取り上げ、解決します。学習サークルは一般的に、4~12か月にわたって2時間のセッションを8回持ちます。国立大学の支援により、教師ネットワークの専門性の発達の職員は振り返りや、対話、アクションリサーチ、もっと広範なプログラムの重要なプロセスに関する最初の全校的な研修プログラムを実施し、学習サークルのファシリテーターや、その分野のメンターファシリテーターとして教師の研修を行います。

ファシリテーターの重要な役割は、教師に、共同の学習者、不可欠の友人としてふるまうよう奨励することです。それにより教師は、自分の仮説や個人的な理論を共有し、新たな考えや実践を試み、自分の成功や問題を共有することを、安心して、思い切ってやってみることができます。学習サークルで問題や可能な解決法を議論することは、教師間の同僚性の感覚を育て、教師が反省的実践家になることを促します。学習サークルによって、教師は受け取った知識を広めるだけではなく、自ら知識を生み出していると感じることができます。

同僚によるアプローチが教師を支援するために用いられているところでは、新人は熟達者のレベルに進むための助けが得られ、生徒は共に働く教師が築き上げた洗練された実践に触れ、管理者は新たな初心者を雇い続けるのではなく、既存のチームの成功を築き上げるために時間を費やすのです。

また、このようなシステムを発展させるための秘訣は、教師や指導者、学校、地区が互いに学びあえるネットワークを作ることです。アンディ・ハーグリーヴスは、イギリスにおける新たな取り組みについて述べています。そこでは、成績が下降していた300校が相互にネットワークでつながれ、メンター校からスキル援助と支援を受け、自分たちの努力を支えるために自由に支出できる予算が少額ながら与えられました。各学校には、他の学校で改善が生み出された、実践家が作成した方略のリストも提供されました。「群を抜いて活気が生まれた」学校の3分の2以上が、次の2年間、全国平均の倍の割合で向上しました。調査者は、「この時点以前のイギリスの改革を特徴づけた独特の命令と規定なしで」と記しています。[47] カナダのオンタリオ州の新たな取り組みは、同様の学校間ネットワーク方略を用い、それをさらに活用しました。その方法は、有益な模範を特定して、実行中の成功した改革を他校が見学に訪れることができるようにすることでした。これらの例が示すように、学校が、教育や学びのためによりよい状況を作りだすことを学べば、個人的かつ共同的な教育実践を改善することができます。

第7章 公正かつ効果的な評価を可能にする体制を作り上げる

わが国では評価を優先事項としておらず、それを成長［の手段］と見なしていないと思います。形式的なものか懲罰的なものかのどちらかで、それが問題なのです。もし形式的なものであれば無意味ですし、懲罰的なものであれば［教師は］それに反対するでしょう。そして、皆が向上し、協働的になっていると実感するような最適のものを得るのには・・・多くの仕事を要します。

——グレッグ・ジュリス、カリフォルニア州サンマテオの教師かつ協会指導者

教師評価改革の重大な欠点の一つは、教師を観察するための手段を設計することに焦点が当てられることが多く、妥当な評価システムの構造要素が開発されないことです。少なくとも、以下のような要素が含まれるべきです。

- 訓練された、熟練の評価者
- 援助を必要とする教師への支援

・妥当な人事決定を可能にする管理体制
・システム維持のためのリソース

さらに、システムは管理しやすく、実行できるように設計されるべきであり、複雑すぎて参加者が要求事項や書類仕事に圧倒されるようなものであってはなりません。次に、これらのシステムの特徴について述べます。

評価者の専門性

強力な評価システムは、校長や評価者に、教育と学びに関する深い知識だけではなく、教育を評価する方法や有用なフィードバックを与える方法、教師の学びを援助する専門性の発達を策定する方法の理解も求めます。そのような知識と研修の不足が、数多くの教師評価システムの妥当性や公平性、有用性の主要な問題でした。これらの必要性に対する答えは、多重のものです。

> 知識と研修の不足が、数多くの教師評価システムの妥当性や公平性、有用性の主要な問題だった。

・より力量のある校長になるための準備が、パフォーマンスベースの校長の免許授与と一体化すること。

コネティカット州のアプローチがよい例です。校長になるための準備は、教育的指導者、教師のスーパービジョン、専門性の発達に焦点が当てられています。パフォーマンスベースの査定により、校長は授業のビデオを正確に評価できること、その上で適切なフィードバックと専門的な援助計画を立てられることを証明する必要があります。

- 評価とスーパービジョンにおける明確で集中的な研修。

評価者の研修は、たとえばコネティカットなどの州内で行われたり、教師昇進プログラムのようにプログラム内で行われたりしています。それらは校長に、基準ベースの評価方法や、有用なフィードバックとフォローアップを与える方略を用いるための数日間の研修を提供します。

- スーパービジョンと評価のいくつかの側面における教科内容に関する専門性を持つ指導的教師の関与。

たとえばある地区では、教師の教科内容領域に適合する部局長または指導的教師がかかわっています。

より力量のある校長になるための準備

最近の研究で、同僚と私は、きわめて優秀な修了者を輩出する校長準備プログラムと、大半の校長が経験してきたプログラムとの主要な違いを立証しました[1]。決定的な違いは、模範的なプログラムが、教育指導者のための知識や実践的スキルの発展を強調していることです。それには、指導を理解して分析し、有用なフィードバックを与え、専門家の学びをデザインする能力などが含まれます。もし校長準備プログラムが常にこれを達成するように設計されていたら、教師は効果的な学びを得る機会をもっと多く手にすることができるでしょう。

コネティカット州では、校長の指導上の知識やスキルを高める、とりわけ生産的な取り組みをしました。1980年代後半に、給与や教育基準を上げるために全州で教師教育改革に取り組んだ際、コネティカット州では校長の基準も上げました。そして、校長の研修と、教師を支援し評価するための能力とを結びつけたのです。校長は、初任教師用のパフォーマンス査定システム（第2章で述べたBESTアセスメント）と同時に、当時新しかったベテラン教師用の地区評価システムを用いて教師を評価するための訓練を受けました。校長は、査定研修と採点セッションに参加することで、再免許授与を認められました。このようにして、教育に関する共有ビジョンを身につけ、指導について深く学ぶ機会が校長に作られたのです。

> コネティカット州では校長の基準も上げた。そして、校長の研修と、教師を支援し評価するための能力とを結びつけた。

1990年代後半に、コネティカット州は、州間学校指導者免許授与連合（Interstate School Leadership Licensing Consortium: ISLLC）基準を、準備や免許授与、認証評価に入れました。2001年にこれらの基準に基づき、学校長のためのパフォーマンス査定であるコネティカット管理職試験（Connecticut Administrator Test: CAT）を創設しました。これは校長に免許を付与するためにも、準備プログラムの認証評価を通知するためにも用いられています。CATは、教育指導に関する課題に焦点を当てたものとして、校長候補にとって真の課題を提示します。とりわけ、受験者は、授業計画や撮影された授業、生徒の学習課題への取り組みの典型事例に応じて教師を正確に評価できること、有用なフィードバックを与えること、専門性の発達と援助についての計画を立てられることを示さなければなりません。また受験者は、学校に関する実践と成果に関する広範なデータを受け取り、それに基づいて、学校改善計画を立てなければなりません。

こうした動機づけに加えて、この試験は、教育や学習、学校改善に焦点を当てた研修プログラムになるようにします。これらは、コネティカット州の校長が、国内の大半の校長と比べてよりよく準備ができていると感じている領域です。なお、各大学はこのテストの合格率で判定されており、州の認証評価は一部、受験者がその試験でどの程度よい成績を出したかに基づいています。もし80パーセント以上が合格しなかったら、大学はそのプログラムを設計し直さなければなりません。さらに査定は、採点の訓練を受けた経験のあるコネティカット州の管理者や大学教員によって評価されるため、査定によりコネティカット州の専門家に強力な専門性の発達の機会が与えられ、州全体にわたって実践の基準が共通理解されるのです。

査定の期待通りに、教師を評価し、指導的なフィードバックを与え、学びを援助するためのカリキュラムと指導法を開発し、専門性の発達を深めることへの備えが国中で最も十分にできていると感じていると、コネティカット州の校長は報告するでしょう。この研究で私たちが追跡し観察した校長たちは、教師に学びの機会を提供する取り組みに努力を傾けることが多かったのです。他に典型的だったのは、ハートフォードの校長として勤務している、コネティカット大学の卒業生から受けた教師援助計画についての以下の説明です。

最初にとりかかるのは、どのような領域であれ、その教師が苦手としていることに気づいて援助することです。専門性の発達に役立つことをさらに提供しますが、それは公式のワークショップに行く、その領域で成功している他の教師の教室を訪れる、その教師を援助している私自身を訪ねる、ブレインストーミングを始める、教師を援助するアイディアを提案するなどです。特定のカリキュラムの取り組みでより成功している他の学校に教師を送り込むことだってあります。私は教師に、できる限り多くの援助を提供したいのです。

校長は、教師が実践と専門家の学びを導く目標を設定するようかかわる。

校長はまた、教師が実践と専門家の学びを導く目標を設定するようかかわります。たとえば、同じプログラムを受けたハートフォードの別の校長は、以下のように述べています。

私たちは、学校として毎年改善計画を立てます――それは学級担任教師との協働的な取り組みなのです――そして、その計画において査定を正しく設定し、そうすることで行動のステップを定め、教師をいかに評価していくかを決めます…年度の終わりに、スタッフのメンバーが行動の各ステップと、それに向かってどの程度進歩したと感じているか［を調べ］、それについてのコメントもします。そうしてから私たちはスタッフとして会い、その目標は翌年は計画を変えて継続する必要があるのか、あるいはある程度の成功が認められるので、計画をそのまま継続すべきなのかを決定します。

これらの実践は、よい評価とはどのようなものかをよく表しており、進行中の分析や成長、発展の文脈を作りだします。コネティカット州では、教師の発達に対する州の連続体と、校長の学びに対する州の連続体とが絡みあい、双方の資格認定システムに組み込まれており、専門性の発達の必要条件によって支えられています。そのことにより、よい教育に対する共通の焦点化と理解が生み出されているのです。

> コネティカット州では、教師の発達に対する州の連続体と、校長の学びに対する州の連続体とが絡みあっている。

教師評価とスーパービジョンにおける特別研修

先の章で述べたように、教師昇進プログラム（ＴＡＰ）は、指導教師にコーチングと評価のスキルを求め、双方の役割を多岐にわたって訓練する昇進プログラムを生み出しました。評価者として働く指導的教師も校長も共に、記述的な基準ベースのルーブリックをもとに教師の指導パフォーマンスを評価する訓練を受けており、ビデオ撮影された実際の授業を用いたセッションで適用法を修得していきます。各評価者は教師のパフォーマンスを正確に評価できることを示すことによって認定されなければ

> 評価者として働く指導的教師も校長も共に、記述的な基準ベースのルーブリックをもとに教師の指導パフォーマンスを評価する訓練を受けており、ビデオ撮影された実際の授業を用いたセッションで適用法を修得している。

ばなりません。つまり、各指標について、国の評定者基準点から1ポイント以内に収まらなければなりません。

評価者は、教師が改善すべき領域がどこかを知る支援ができるカンファレンス後のセッションの実施法についても訓練を受けており、このようなカンファレンス後のセッションをうまく実施する能力認定の査定にも受からなければなりません。評価者はサマーインスティテュートを通じて継続的な訓練を受けることができ、毎年再認定されます。

指導教師と校長は協力して、学校の指導的チームとなります。多くの業務の中でもとりわけ、チームは指導を支援するために動き、評価システムにおける評定者間信頼性を監視する訓練を受けています。彼らは教師の得点や、評価者による各基準や領域の平均点を含む診断報告書を受け取ります。この報告書によって、一部の評価者が採点において異常値を出しているように見えないかを確かめることができます。問題があるように思われる場合には、評価者がルーブリックを理解する助けとなる追加的な訓練リソースがあります。たとえば、ある特定の基準や録画された授業を採点する演習をする、得点調整の支援ができる外部の認定評価者と面会する等です。[2]

> 教師と校長は共通のレンズを通して教育を見る能力を安定させるよう取り組みながら、実践の共通理解もまた形成している。

これは単にスキル的事項にとどまらないことに注目すべきです。教師と校長は共通のレンズを通して教育を見る能力を安定させるよう取り組みながら、実践の共通理解もまた形成し、生徒の個別ニーズに対応するやり方で共同的に教育を支援するための能力を高めていきます。ルイジアナ州ジェファーソン郡のヒルダ・ノフ小学校の指導教師、リン・ギャラガーは、次のように述べています。

TAPで教師は、指導上の決断をし、教師と生徒のニーズを満たす指導的実践を行うことができるようになります。TAPが認め高く評価していることは、指導的実践の多面的でダイナミックな特質です。生徒（と教師）は複雑であり、ニーズもさまざまです――教えることと学ぶことは、一律ではありません！　教師に言い渡される出来合いのトップダウンの指導命令とは違って、TAPは教育者に、かかわる生徒にとって効果的で成功する実践を生み出すためのスキルや知識、リソースを提供するのです。[3]

校長養成プログラムに関するスタンフォード大学の調査によると、いくつかの地区で校長と指導的教師双方のための教師スーパービジョンと評価を中心に置いた、多岐にわたる専門性の発達が生み出されています。ハートフォード、ニューヨーク市の第1地区、サン・ディエゴの三地区では、教室内の実践分析に基づく専門家の学びを根づかせるために校長の定例会議を用いました。これらは学校訪問やコーチング、そして、良好なスーパービジョンと教師の発達にかかわることを含め、新たなリーダーシップ実践への支援と結びつけて行われました。ハートフォードのある校長は、地区の校長養成戦略の一環として学んだ評価と専門性の発達に対するこの統合的アプローチについて、次のように述べています。

［教師には］私が評価に来るのをいつものことと感じてほしいと思います。学術的な審査は［私が教師を支える］一つの方法です…毎週私に提出される教師の授業計画をモニターしたり、実際に役立つ専門性の発達を提供したりします。ですから、どこかの会議に出かけて戻ってきても受けた研修内容を活用することがないといった断絶はありません。そして、私は観察を通してこのことをモニターしています。[4]

スーパービジョンと専門家の学びをどう統合させるかを学ぶことは、評価者に必要な重要な研修の一部です。

熟達教師

同様に重要なのは、追加的な援助を必要とする教師のための支援を提供すること——校長はなかなか提供する時間がないことです——、そして、公平で効果的な人事決定を可能にする意思決定手続きと体制を整えることです。

本章で後に述べるように（囲み「同僚間の援助と再点検」参照。184頁）、この支援は相談役教師を作ることでもたらされます。相談役教師は、援助が必要とされる他の教師を指導するために、通常の教同様に重要なのは、追加的な援助を必要とする教師のための支援を提供すること、そして、公平で効果的な人事決定を可能にする意思決定手続きと体制を整えることである。

必要とされるところに教育の熟達者を配置できることは、校長が持つ重要なリソースである。

育業務から完全に、あるいは時限で解放されます。相談役教師は、教育とリーダーシップのスキルによって慎重に選出され、熟達したメンターとしての訓練も受けます。

コーチングのための時間を与えられた熟達教師を活用することは、効果的な評価システムにきわめて重要です。なぜならよい実践は、ワークショップより実践において最もよく発達し、また、苦戦している教師への集中的な援助を最もよく提供できるのは、計画や指導を支援することのできる教科内容領域の教師であり、必要とされるところに教育の熟達者を配置できることは、校長が持つ重要なリソースです。

ニューヨーク州のロチェスターでは、評価プロセスにより卓越した教科内容の専門性を提供し、教師がチームとして働く――そして評価される――革新的なアプローチに着手しました。そこでは、教師は要請すれば、管理者のスーパーバイザーに加えて、訓練を受けた指導的教師／同僚の評価者による観察や評価を受けることができます。指導的教師は、ロチェスター教育キャリア（Career In Teaching：ＣＩＴ）運営委員会によって選ばれ、地区によって任命される6名の管理者と、教員組合によって任命される6名の教師からなります。

人事決定を可能にする管理体制

当然ながら、専門的実践基準に基づく評価システムは、援助を受けた後に専門性基準を満たしていなければ、専門職からその人を除くことができなければなりません。同僚間援助・点検プログラム（Peer Assistance and Review: PAR）は、この目的達成において最も長期にわたって成功してきた実績があります。このようなプログラムは非常に熟達したメンター教師が支援を必要としている初任教師やベテラン教師に援助を提供し、評価プロセスのいくつかの側面を実施することに依っています。シンシナティ、コロンブス、トレド、オハイオ、ニューヨーク州ロチェスター、カリフォルニア州ポーウェイおよびサンファン、ワシントン州シアトルにおけるシステムはすべて調査研究によって、教師の継続と在職権だけではなく、集中的な援助や人事措置を必要としている教師をうまく特定できることが見いだされています。[5] これらのシステム――教員組合と教育委員会の協働――は介入を受ける教師への適正な手続きと援助を組み込んでおり、組合の苦情を防ぎながら

> 評価システムは、援助を受けた後に専門性基準を満たしていなければ、専門職からその人を除くことができなければならない。同僚間援助・点検プログラム―教員組合と教育委員会の協働―は、組合の苦情を防ぎながら教師を改善するためにも効率的に解雇するためにも、伝統的な評価システムより効果的であることが証明されている。

教師を改善するためにも効率的に解雇するためにも、伝統的な評価システムより効果的であることが証明されています。

ＰＡＲ運営委員会はこのプロセスにはきわめて重要です。ＰＡＲプログラムの最近の研究によると、委員会は、人事決定にかかわる確かな証拠が提供され、指導の改善に焦点が当てられていることを確実なものにしています。さらに、

> 運営委員会は、地区の行政職員と組合指導者が協働で、日常の業務上の問題や政策問題に取り組む問題解決のための公開討論の場であることがわかった……単なる協働的な努力にとどまらず、ＰＡＲを通じたパートナーシップの発展によって、組合と管理者が共に、教師の実践と評価についての重要な決断を下すことができるようになった。[6]

この意思決定プロセスは、責任と協働に関する共通の認識を作ることに役立ち、それは他の領域の仕事へと広がり、組合役員と地区行政職員が教育と学びに焦点を合わせ続けるのに役立ちます。

したがって、これらのシステムの重要な特徴として挙げられるのは、評価に用いられる道具だけではなく、相談役教師やメンター（同一の教科領域や学校レベルにおける熟練した教師で、メンターとして働くために解除された時間があります）の専門性と、教師と行政職員が関与する委員会の適正な手続きと再点検のシステムであり、

> メンター教師は、在職権を得る前の初任教師および苦戦しているベテラン教師の双方を支援する。

それによって、評価から得られた証拠に基づいて人事決定の勧告が行われます。この合同委員会は、在職権を得る前の初任教師および苦戦しているベテラン教師を支援するメンター教師の仕事を監督します。委員会はメンター教師と校長双方の報告に基づいて、在職権を得る教師、もう1年改善のための時間を与える教師、解雇する教師を決定します。同様に委員会は、学年度が終わる前に、介入プログラムを受けて十分に向上し、その地区で継続雇用する教師を決定します。

同僚間の援助と再点検

同僚間援助・点検プログラム（PAR）は、30年以上にわたって、教師を厳密に評価し、強力に支援し、人事決定を効果的に行えることが示されてきました。最初のPARプログラムは、教育委員会と教師組合間の協力関係として、1980年代初期にオハイオ州トレドで始まりました。組合指導者のダル・ローレンスは「教えることは、教師自身が自分の仕事に基準を設定し、誰がその基準を満たし教えるにふさわしいかを決定するときにはじめて専門職となる」と確信していました。[7] この課題に取り組むために、ローレンスはトレド公立高校地区にインターン・プログラムを提案して、メンターを向上させ、新しい教師を専門職に導入しました。またこのプログラムによって、苦戦しているベテラン教師に集中的な支援を提供し、在職権やその地区における雇用継続について、適時に根拠を明確にして決定することができるようになりました。

30年後、トレドPARプログラムは深められ、全国の他のPARプログラムの設計図となりました。そのようなプログラムは今や少なくとも13州（カリフォルニア、コロラド、フロリダ、イリノイ、インディアナ、メリーランド、ミシガン、ミネソタ、ミズーリ、ニューメキシコ、ニューヨーク、オハイオ、ワシントン）の41地区に存在します。州法で地区の採用を奨励しているカリフォルニア州のPARプログラムについての出版されたばかりの調査によると、カリフォルニア州ポーウェイとサンファンのモデルの成功が実証され、このプログラムがさまざまな文脈にうまく適応する能力が示されています。[8]

PARの運営方法

トレドでは、PAR運営組織はプログラムを監視する9名（5名の教師と4名の管理者）の内部点検委員会で構成されています。運営委員会の人数は地区によって異なりますが、委員は通常、教師と管理者がほぼ同数で、わずかに教師の数が多くなっています。この運営組織は、参加する教師に関する蓄積された証拠を評価し、最終的な在職権や雇用の推薦を教育長に行うだけではなく、メンター教師の仕事を監視する責任を負います。

相談役教師の選出

相談役教師は支援と評価を行いますが、少なくとも5年間の教育経験があり、教室観察や面接、教育評価の点検、同僚や行政官からの推薦といった徹底的な選出過程を経ています。トレドのモデルでは、これらのメンターはフルタイムで雇われ、約10名の新任の、あるいは苦戦している教師を個別介入やメンターシップ実施期間に支援し、評価します。教室に戻るまで3年未満の勤務ですが、５０００～７０００ドルの年俸が支払われます。

支援と評価

相談役教師は、各教師のニーズに基づいて支援と介入、改善の計画を立てます。支援は評価基準を構成する5領域（指導計画とデザイン、指導、学級経営、査定、専門性の発達）に及びます。特定業務は、授業計画やリソースの共有から、教室観察や学級経営へのフィードバック、指導的実践まで多岐にわたります。

経験を積んだ教師と組むときは、相談役教師は、個別改善計画をデザインし実行する手助けを行うといった、集中的な助言や指示を提供します。相談役教師は、管理委員会に定期的な報告を行い、各教師の専門的実践に関する証拠を蓄積し、まとめます。その教師のＰＡＲ実施期間（通常1年）の終わりに、管理委員会は相談役教師の報告や行政官の評価、他の証拠を検討し、教師をその地区で継続雇用すべきかどうかについて提言を行います。

プログラムの効果

ＰＡＲの成果調査によると、初任教師の定着率が著しく上昇し、辞職者は今では主に、教育に幻滅してしまった人ではなく、地区が契約更新をしなかった人です。全国レベルでは、全国教育統計センターの報告によると、PARプログラムに参加した新任教師の離職率は15パーセントであるのに対して、参加しない場合は26パーセントでした。[9] 介入候補者のうちの多くが向上します。向上しない人は、長期にわたる法的手続きをとることなく教職を離れますが、適正手続きがモデルの計画に組み込まれているためです。ハーバード大学大学院のトレド教育調査報告によると、1981年〜2008年のプログラム参加者の約8パーセントが、PARに参加した1年後に解雇されるか辞職しました。[10]

このようなシステムにおいて、初任教師はメンタリングを受けたことで、より高い確率で教職に留まっており、離職した人は通常、辞めたのではなく、地区が雇用継続しないと決定した人です。援助・点検に該当すると特定されたベテラン教師（通常教師陣の1〜3パーセント）のうち、多くは著しく向上して介入の立場から除外され、3分の1から半数が、自ら進んで、あるいは地区の要請によって離職します。プログラムを作り施行する上で教師組合が協働しており、プログラムが適正手続きを保証するように設計されているため、教師の解雇に際しての手続きに関する苦情はありません。

同僚間援助と点検プログラムの実施状況

そのようなプログラムの実施状況を把握するために、スタンフォード・リサーチ・インターナショナル（ＳＲＩ）の研究チームがＪ・コピッチ・アンド・アソシエイツ社と共に、十分に開発されたＰＡＲプログラムで有名なカリフォルニア州の2地区において、最近徹底的な調査を行いました。このプログラムの初期のカリフォルニア州の先駆けとなったポーウェイと、より最近プログラムを構築したサンファンです。[11]

１９８０年代後半、中学校の数学教師ドン・ラスカとポーウェイの他の教師指導者たちはトレドのプログラムを研究し、その重要な特徴を自分たちの地区に取り入れようとしました。トレドのように、ポーウェイのプログラムも、初任者および苦戦している教師の双方に働きかけるものとしてデザインされました。ポーウェイは注意深く教師を選任する長い伝統があり、主要目的は悪い教師を排除することではなく、よい教師をさらに育てることにありました。同時に、このプログラムは、教師があまり有能にならない比較的まれな事例における教師の説明責任という要請に、効果的に対処しました。数年後、ポーウェイ教師連盟の元会長ラスカは、「今日では、自らの実践を振り返り、指導法について語ることに慣れた、よく訓練された教師がいます。評価が彼らにとって意味のあるものでありたい」と述べています。[12]

１９９９年にカリフォルニア州議会は、初任教師の援助・査定プログラム（Beginning Teacher Support Assessment: ＢＴＳＡ）と呼ばれる既存の導入プログラムと並行して機能するよう計画されたハイブリッドモデルの一環として、ＰＡＲのための全州補助金計画を承認しました。これによりカリフォルニア州は、この種の教師評価とメンタリング戦略に全州規模で資金支援をした最初の州となりました。サンファン地区はこれらの資金を使ってモデルを作りました。サンファン組合の指導者、トム・アルヴスとスティーブ・ダディッチは、ポーウェイや他の成功した地区の仕事を調べた後で、このプログラムの強力な支援者となりました。

トレド（や他のPAR地区）のように、サンファンとポーウェイはこのプログラムを使って、向上が見られない無能な教師を選別しました。歴史的に見て、要介入を認定された約3分の2のベテラン教師が大幅に改善され、プログラムを成功裏に完了しており、約3分の1が辞職したり解雇されたりしました。初任教師のうち約20パーセントは、プログラムの結果更新しません。しかしながら、研究者が指摘するように、プログラムの効果はもっと幅広いものです。たとえば、長年、初任教師のためのポーウェイのプログラムは、現在この地区にいる60パーセント以上の教師にあたる1875名に提供されてきました。ポーウェイの行政担当者は、能力を構築することと、キャリアの初期に劣った実践者を取り除くことの双方においてプログラムが成功したことは、当該地区の実践の質を全体的に高めることに役立ったと述べています。相談役教師もメンターの介入を受ける教師も、実践を注意深く分析し、実践に取り組んだ結果として、よりよい教師になったと報告しました。したがって、キャリアの後期において苦戦する教師は比較的まれです。

ポーウェイ専門性援助プログラム（Poway Professional Assistance Program: PPAP）のコーディネーター、シャーロット・カッツナーは、初任教師に対する支援と評価がこのモデルでどう扱われているかを説明しています。このプログラムは、伝統的なカリフォルニアの初任教師のプログラム（BTSA）と、ベテラン教師を援助するためのPARプログラムを完全に融合したものです。このプログラムはまた、地区の評価システムにおいては時に切り離されている、メンタリングと評価機能も結合させています。

ポーウェイの専門性援助プログラムはBTSAプログラムであり、他と同様に、私たちには（初任教師のための）任命基準を満たす責任があります。しかし、大半の導入プログラムとは異なって、1年目の教師の評価にも責任があります。そのため私たちは、観察し、カンファレンスを持って教師を支援しますが、私たちの評価は秘密ではありません。新任教師と取り組むときには、教室で見たことを校長と共有し、人事部の管理補佐や組合長、2名の教師からなる管理委員会にも報告します。「どうやって支援も評価もできるのですか」と聞かれます。私たちはまさにそれをしていますし、1987年からそうしてきましたし、最初から評価を行ってきたのです。長年にわたって、共に働いてきた95パーセントの教師は、感謝祭までには、私が彼らの評価者であることを忘れていたと言ってもよいでしょう。私はシャーロットで、友人で、同僚であって、支援をするためにそこにいるのです。

基準を満たしていないと評定されたベテラン教師を支援するプログラムもあります。このプログラム、つまり、終身教師介入プログラム（Permanent Teacher Intervention Program：PTIP）［他の地区のPARと類似したもの］は、深刻な専門的危機にあると見なされた終身教師を援助するために作られたものです。PTIP対象の教師は、相談役教師から、導入プログラムで新任教師が受けるのとよく似た援助を受けます。このプログラムにおいて、校長は評価者にとどまって、相談役教師は校長やPAP管理委員会に進捗状況を報告します…私たちのプログラムが成功しているのは、地区や組合と共に仕事をする関係があるためです。これは真の共同の取り組みなのです。[13]

相談役教師は、教育能力やコーチング、コミュニケーションスキル、指導力に基づいて、管理委員会およびプログラム責任者によって慎重に選出されます。これらの地区では、多くの他のPARプログラムを実施している地区のように、候補者は自分の実践の証拠や指導者経験（専門性の発達を実施した経験を含む）、同僚や校長からの推薦状を提出します。これらの資料の審査および対面による面接に加えて、教室で教えている様子が観察されます。

応募者は相談役教師になる見込みのある要員として選出され、教科内容の経歴や教育レベルが必要とされたときに、フルタイムあるいはパートタイムで起用されます。教室に戻るまで、1～4年間従事することができます。管理委員会は、彼らの報告や説明を評価し、その働きに懸念がある場合は、いつでも相談役教師の任命を取りやめることができます。

> このやりがいのある仕事について学ぶために、相談役教師は自身の専門性の発達に励み、同僚との問題解決グループに定期的に参加する。

このやりがいのある仕事について学ぶために、相談役教師は自身の専門性の発達に励み、同僚との問題解決グループに定期的に参加し、特定のニーズへの対処法に関する考えを共有し、難しい話し合いを生産的に行い、取り組んでいる事例に最適なリソースをとらえるのです。

これらの地区において、相談役教師は、直接的に共に働いている教師にも、そして、しばしば地区の他の教師にも、指導と評価に対する膨大な量の支援を提供しています。教師と共に取り組む際、たいていい実践記録を残すためのビデオ撮影や授業の筆記記録によって観察しフィードバックするだけではなく、参加している教師と共に、授業や課題、学級運営システム、成績評価システムを作っていきます。カリキュラム資料を選び確実にするのを助ける、授業のモデルを示し、生徒の取り組んだ課題を共に分析する、専門性の発達につながるイベントを指揮するだけではなく、フォローアップ・コーチングを提供できるようにそのイベントに参加教師と共に出席する、教師の学習ツールおよび評価を伴う適正手続きの一部として、教師の成長を慎重に、広範囲にわたって記録するなどです。

相談役教師は責務を果たすにあたって、下記のような記録も行います。

- 詳細な改善計画
- 各観察や参加教師とのカンファレンスの詳細な記録
- 会議ノート、メールのやりとり、授業計画見本、その他の補強証拠
- 相談役教師が2か月ごとに管理委員会に行う要約報告

このプロセスで受け取ることのできる配慮の量――そして、可能な投資――が、支援と評価プロセスへの貢献に関するSRIの分析で示されています。校長がPARに参加した教師について平均1回の公式な評価と、年度あたり2回の非公式評価を行うのに対して、相談役教師は平均して5回の公式評価と、38回の非公式な観察を行い、その中で集中的援助とメンタリングを提供します。そして、校長の観察や援助、参加教師の成長に関する記録は、平均して1年あたり7ページであるのに対して、相談役教師は平均して190ページです。これらの記録は、教師の長所と短所の記録と同程度に、実

践の向上に焦点化して詳述されます。それらは助言や忠告の記録であり、後の管理委員会による審査の情報源となります。

この投資の最終結果として、PARの下で介入を受けた大半の教師はかなり向上します（実例として囲み「PARによる教師向上の一光景」参照）。一方で、向上しない教師は、自ら離職するか、苦情が出ることなく解雇されます。なぜなら教師は、実践に関する基準や、経験した適正手続きに納得しているからです。カリフォルニアの調査チームは下記のように記しています。

> この投資の最終結果として、PARの下で介入を受けた大半の教師はかなり向上する。一方で、向上しない教師は、自ら離職するか、苦情が出ることなく解雇される。

PARは業績審査に、従来の教師評価より高いハードルを設けています……集中的支援と多次元的な評価により、教師はクラスに責任を持つ用意があるか、あるいはそうでない十分な証拠が提供されることが示されてきました。……PARは従来の評価ではできないことを成し遂げています。教師に、自分の実践を向上させ、成功を収められる十分かつ支持的な機会を与えるのです。向上しない、あるいは向上できない教師にとって、PARを通して作成される業績書類は、サンファン連盟長であるスティーブ・ダディッチが「穴のない事例」と呼ぶもの、つまり、必要な行動がとられることが明らかな、完璧証拠を提供します。[14]

PARによる教師向上の一光景

5年生担当教師のエリザベスはPARへの参加を指示され、丸1年、相談役教師のアマンダと集中的に仕事し、成功裏にPARプログラムを完了しました。アマンダは、1年にわたって少なくとも88時間、エリザベスと直接的に仕事をしました。それには、少なくとも52回の非公式の観察（平均週1～2回）を行うほか、課題や次の段階に関する頻繁な意見交換、学級組織、指導方略、授業計画といった事項についての徹底的な協働がありました（授業計画へのエリザベスへの期待値を明確にするための、校長との合同会議を含みます）。アマンダはまた、その年度の間に、少なくとも全日を1回と半日を4回、エリザベスの学級でモデル授業を行いました。

PARに参加することになった二つの基準を満たすことに向けてのエリザベスの成長は、最初は比較的遅いものでした。PAR委員会の調査報告期間の5回のうち最初の2回におけるアマンダのエリザベスに対する正規の評価は、すべての生徒の学びに対する関与と支援（基準1）に関する5要素のうち一つと、生徒の学びのための効果的な環境を維持すること（基準2）に関する6要素のうち一つのみ満たしている、というものでした。

アマンダは早い段階で、エリザベスが基準を満たすとしたら、教室を物理的に秩序立て環境を改善する方略、生徒の行動を常に監視および管理し、生徒を課題に集中させる方略、授業時間を効果的に使う方略、指導に違いをつけ、より深く反省的な学びの機会を生徒に提供する方略が必要であることを見極めていました。これらすべての方略に同時に取り組ませるのではなく、アマンダは1回に一つの方略に焦点を絞りました。たとえば初期に共に取り組む段階で、アマンダはエリザベスの教室の物理的環境にかなりの時間をつぎ込み、生徒の没頭を妨げている障壁を取り除くための変更を示唆し、それらの変更によって、生徒をより管理しやすくなり、また生徒が集中することをエリザベスに示しました。この初期の変化によって、アマンダは、エリザベスが自身の進歩に気づけるようにし、多くの生徒が「静かにしているが集中していない」ことを見て取りやすくしました。これによってエリザベスは、新しい指導方略に挑戦することができました。アマンダはゆっくり時間をかけ、このような基盤に立って、新たに拡大された指導的方略を用いることによって生徒がよりよく集中していることをエリザベスが理解できるよう、援助しました。

これら二つの観察期間のメモは、アマンダがエリザベスを効果的な指導と生徒の学びに対する障壁を理解し対処する上で着実な進歩をとげるよう導き、月日が進むにつれて、より飛躍的な進歩に意欲を持てるようにしたことを示しています。3回目の報告期間の終わりまでに、アマンダは、エリザベスが基準1の二つの要素を除くすべて、および、基準2の一つの要素を除くすべての基準を満たしていることを見いだしました。4回目の報告期間までに、エリザベスはこれらの基準のすべての要素を確実に首尾よく満たしていました。エリザベスは5回目の報告期間ですべての要素を満たし続け、アマンダは、エリザベスが一貫性を維持し、この進歩を独力で持続できるように支援することに集中しました。

出典：Humphrey, Koppich, Bland, & Bosetti（2012）.

適切なリソースを持つ、実現可能なシステム

実り多い評価システムに最後に求められるのは、評価者にとっても評価される者にとってもうまく実行できることであり、効果があるようリソースが適切に整えられていることです。これらの条件を達成するのは、とりわけ連邦政府の「トップへの競争」イニシアチブと、新初等中等教育法(Elementary and Secondary Education Act: ESEA）の責務遂行免除の要件の下で、複雑な新しいシステムを急いで構築するのは難題でした。どちらからも、教師評価システムに複雑な達成課題が生み出されました。

留意すべき主要な三つの課題があります。

- システムを実行するための人材の適切性
- 学校運営の他の側面とバランスのとれたシステムの持続可能性
- 教育の尺度の適切性と管理可能性

人材の適切性

アメリカの教師評価システムの歴史における失敗の一つは、教師を観察し、初任者のメンターとしての役割を果たし、援助を必要としている人を指導し、懸案事項を記録し、苦戦している人のプロセスを支援し、収集した記録に基づいて推薦するのか解雇するのか最終決断を下すことが学校長だけに求められてきたことです。校長は、委員会や本部、教師、保護者、生徒に対して日常的に、学業および学業以外の責務にもあれこれ対処しなければなりません。さらに極貧状況においては、子どもたちに食事や住居が与えられ、守られ、医療を受けられるよう、多くの社会的なサービスや特定生徒たちへのプログラムを提供するのです。

> アメリカの教師評価システムの歴史における失敗の一つは、教師を観察し、初任者のメンターとしての役割を果たし、懸案事項を記録し、苦戦している人のプロセスを支援し、収集した記録に基づいて推薦するのか解雇するのか最終決断を下すことが学校長だけに求められてきたことである。

学校の学業以外の側面（例：バス、ビジネス的事柄など）に対処する付加的な役割が用意されている他国のシステムと異なり、アメリカの校長は通常、それらすべてを担うことが求められています。このような状況下で、教師の支援や評価に配慮することがどれほど難しくなるかは容易にわかります。また、より規模の大きい学校においては、100名もの教師がいる可能性があり、1人しかいない学校長が、毎年、各教師に対して集中的評価を行うことは不可能

> ビジネスの場では、適切な管理限界は通常、最大でも雇用者7名に対して監督者1名であるとされている。

です。（たとえばビジネスの場では、適切な管理限界は通常、最大でも雇用者7名に対して監督者1名であるとされています。）

これまで見てきたように、相談役教師はＰＡＲシステムの評価において提供される最も重要なリソースです。それはＴＡＰプログラムを使用する学校や、昇進階梯を発展させてきた他の地区において、指導教師やメンター教師が校長を補助するのとまったく同じです。これらの専門的人材は、シンガポールのような高い成果を上げているシステムにおける教育支援の重要な要素です。大規模校においては特に、教科内容の専門性やメンタリングスキルをもたらす教師がいること、援助を必要とする新人やその他の教師を支援し評価する任務のための時間があることは、向上と人事決定をうまく支えることができる評価システムに必須の構成要素です。

教育の質センター（Center for Teaching Quality）と連携している教師指導者は、同僚評価にはさらに利益があると指摘しています。

最終的に、［教師評価を］強化するための鍵は、もっと多くのクラス担当教師が同僚の審査過程に関与することだろうと私たちは議論しています。こう主張するのにはいくつか理由があります。一つは、よい教師は教科内容を知っており、それを教える方法を知っています——そして、この要素は改善された［評価プログラムの］一部となる必要があります。二つ目は、管理者は彼らにしか対処できない多くの込み入った問題で負担過剰になっています。学校はもっと厳密で徹底的な教師評価システムを支援するための資金もなければ、組織化されてもいません。三つ目は、どんな効果的な教師評価システムも、養成段階、導入教育からの教師の発達、教育専門家が働いている共同体における専門性の発達という、他の要素と密接に関連する必要があるでしょう。[15]

システムの持続可能性

質の高い評価の必要と校長の時間の葛藤をうまく解決してきた地区では、通常、副校長、学科長、指導教師あるいはメンター教師が評価プロセスに関与しています。さらに、以前よい評価を得たベテラン教師に対して、定期的な年（たとえば2〜3年に一度）により集中的な評価を行うサイクルを作っていることが多く、それは配慮の必要な教師により多くの時間を提供できるようにするためです。総括年ではない年度も優良な教師は目標設定と専門家の学び（たとえば第5章参照）を続けますが、管理者への負担はより小さくなります。

> 質の高い評価の必要と校長の時間の葛藤をうまく解決してきた地区では、通常、副校長、学科長、指導教師あるいはメンター教師が評価プロセスに関与している。

とりわけ、指導者が集中的に初任者の支援と評価をし、在職権を得る時点で明確な根拠に基づく決断を下すためには、そして、うまくいっておらず、雇用継続にかかわる適切な人事決定を下す必要のある教師に注意を払うためには、自分の限られた時間を有効に使う自由がなければなりません。

さらに、校長と指導教師は、専門家の学びの共同体の中で協働と調査を導き、専門性の発達の生まれる活動を形成し、共同的なカリキュラム計画を可能にし、同僚コーチングを支援するために働いているため、教育の質を向上するための仕事の大半は、個人的な教師評価の枠を超えたところで生じます。これらの活動を無視するなら、学校における実践の改善に向けて目立った変化をもたらすことは非常に難しいでしょう。忙しい教育者にとって、効果が生まれるように時間と労力をかける適正なバランスを見いだすことは、学校の改善と生徒の学びを支援するためにきわめて重要です。

この教訓は時に黙殺されてきました。教師評価の実践が学校から縁遠い政策立案者によって定められてきたためです。たとえば、テネシー州は、「トップへの競争」評価システムを義務化した最初の州の一つですが、議会は2010年に、教師評価の半分は年間観察、半分は生徒の成績データに基づいて行うよう要求しました。説明責任の概念から言えば奇怪なことに、テストや評価点のない教科の教師は、自分の評価を点数づけするために、他の教師の得点を選ばなければならないのです。2011年に州の教育委員会は、毎年、評価者は全新任教師に対して6回、全在職権教師に対して4回、正規の観察を実施し、合計116の下位カテゴリーを含む電子システムで得点化すると定めました。校長は事前会議、観察自体、事後会議、数時間かかるデータ入力の合間に、教師1人あたりの評価に丸1日に相当する時間がかかることもあると報告しています。

ベテランの中学校校長のウィル・シェルトンは、学校の各教室を1週間に数回定期的に訪れていますが、書類仕事にあまりに長い時間を必要とするため、以前と同じように教室へ赴くことができなくなり、新システムは、教育を評価する能力を高めるのではなく弱体化させていると言います。システムが開始された直後に、彼はこう言及しています。

こんな無意味なことは見たことがありません…５年間ここで校長をしてきましたが、自分の学校で何が起きているのか、こんなにも知らないということなどありませんでした。［新任教師や劣った教師と同程度に優秀なベテラン教師を観察するという要求は］…私たちの最高の教師への侮辱であり、ひどい時間の無駄でもあります。[16]

シェルトンは、テストに基づく要求と過度の観察要求との間で、新しい州の評価政策は「皆をストレスにさらし、対立させ、学校から喜びを奪い取っている」と主張しました。[17] 他のテネシー州の高校校長、トロイ・キルツァーはこう述べています。

新しい（テネシー州の）評価政策は「皆をストレスにさらし、対立させ、学校から喜びを奪い取っている」。

観察することも重要です――私は好きですし、主要な役割です…しかし、ご存知の通り、よい授業はルーブリックを見ずとも教えられます…非常によい教師だとわかっている人を評価するのに多大な時間を使っているんです。[18]

州の名誉のために、テネシー州はより少ない訪問でデータを収集することを認めるなど、評価システムの修正を開始しています。実現可能な評価システムを設計するにあたって賢明に取り組まなければ、機会コストが利益を上回ってしまいます。校長のコストは、他のクラス、保護者や家族との連携、教師間の協働的な仕事の組織化などに使えたはずの時間です。学校のコストは、肯定的な学校文化や一貫したカリキュラムの構築に向けた共同の努力が、教育の有効性を実際に向上させるには絶対に必要であるという事実にもかかわらず、無視されることにあります。

ロサンゼルス統一学区（LAUSD）における類似の評価システムの試験実施を検討した研究者たちは、同様の課題を目の当たりにし、多くの管理者や教師が訪問回数や書類作成要求、多数の観察者のとりまとめの必要に圧倒されていると感じていたと記録しています。ある管理者は、試験実施に参加した2名の教師と共に働いたプロセスについて述べています。

それは困難を極めました。なぜなら、まず、現場に十分なリソースがなかったからです…それで、参加したら、観察や文字起こしに本当に時間を費やさなければならず、それから戻って仕事に張り付くため、非常に時間がかかるんです…これをして、このプロセス全体を行っている人［教師］が現場で2名いました。それぞれ異なる第二の観察者がついていました。そのため、私はとりまとめなければなりませんでした…そのため、それ自体大きな障害でした。[19]

そして、試験実施に参加した教師は下記のようにコメントしました。

私には家族がいます。［私は］既婚で子どもがおり、時間をとられ…文字通り座って…これをします…率直に言って、実行可能ではありません。求められるのは、一定の課題や私たちの授業を詳細に記述することです…大学でこういうことをするのは、ぜんぜん問題ありませんでした。大学にいましたからね。でも、今は働いているんです。授業計画も立てなければなりません。妻や子どももいます…これをするのは「どうやってもせいぜい」週末の数時間です。[20]

幸いにもＬＡＵＳＤは、全地区で実施する前に、データを収集し、必要条件を微調整し、教師と管理者をより十分に訓練するためにシステムを試験実施することを決定しました。この英断を地区の指導者は「節約イニシアチブ」と呼びましたが、州や地区はこれに続くよう考えるべきです。

教育の尺度の適切性

懸案事項の最後の領域は、教育の尺度が適切で管理可能かどうかでした。先に述べたように、教育のすべての側面を捉えようとするあまり、数十ページにも及ぶ長さのルーブリックに取り組む大量の書類仕事や、完成させるのに何時間もかかるような記録作りを生み出してしまったシステムもありました。これにより、生徒のために働き、生徒の家族とつながり、教育と学びを向上させるという学校の主要な仕事から過度の時間を奪う場合には特

> 教育のすべての側面を捉えようとするあまり、数十ページにも及ぶ長さのルーブリックに取り組む大量の書類仕事や、完成させるのに何時間もかかるような記録作りを生み出してしまった。

に、長期的に見てシステムを実現不可能にします。

もっと厄介なのは、教育は各授業において一連の決まりきったルーティンをこなす以上のものであることを理解できない行動的な測定システムです。有効な教師であるためには、使用する方策は特定の生徒に向けた、特定の時期の、特定の教育目的と関連するように選択されなければなりません。有効な教師が生徒の既存の知識に基づいて進め、生徒を主題に取り組ませ、自分の知識を応用できるようにするとき、幅広い道具――直接的な指導や調査、講義、グループワーク、しっかりと構造化された課題、より制約のないプロジェクト、書くこと、教室内の議論など――を最も役に立つときに用いるでしょう。

残念ながら、行動学者の測定の中には、いかに教師が教育目的や基準と関連させて方略を選ぶかを理解、あるいは検討できないものがあります。これは数十年前に評価システムに組み込まれたチェックリストの顕著な問題でした。たとえば、1980年代後半に、フロリダ州のその年度の最優秀教師が、州の評価システムの指導教師に受からなかったことを私は覚えていますが、その理由は質問に質問で答えたことにより評価を下げられたためで、これはソクラテスが常用した方法です。[21] この測定法はまた、教師が確実に「きびきびとした指導」を行い続けているかどうかもチェックしました。生徒に特定の種類の賞賛を与え、特定のやり方で授業を組み立てていたかであり、その際、これらの方略が生徒に有効であるかどうかは考慮されませんでした。

このようなチェックリストによる方法は、すべての教育目標と生徒に同一の方策が必要であると誤って仮定しているだけではなく、教育サイクルの本質、つまり、教師は時間内の異なる瞬間に異なる目標を追求するために異なる方略を使用するということを考慮できていません。たとえば、教師は最初にトピックを導入するときや、プロジェクトや活動の最中、フィードバックを提供するとき、修正を促したりある概念を教え直したりするときなど、さまざまな種類の活動で生徒とかかわります。新しいテネシー州の教師評価システムを含めて、初期に実施されたいくつかの評価システムにおいて、近年この種の問題が浮き彫りとなりました。以下は、ナッシュビルの校長スティーブ・ボールの視点から見たこの問題への一つの説明です。彼は、教師が風刺の概念を導入した60分の英語の授業観察を終えたところです。

「それはよい授業でした」とボール氏は言った。しかし国中で採用されているシステムとよく似たテネシー州の新たな教師評価システムの下では、ボール氏はこの教師に12カテゴリーのうちの一つ「生徒のグループ分け」において、5段階評価で最低の1をつけなければならなかったと述べた。ボール氏は、この同一の教師が——彼は成功を収めているベテランだという見方に傾いていた——、他の機会には効果的にグループ分けしているのを見ていたにもかかわらず、州の複雑なルーブリックの厳格なガイドラインに従うしかないと感じていた。「それは教師としての彼女を正確に反映していません」とボール氏は述べた。[22]

教師協会の指導者であるゲラ・サマーフォードは、評価システムを「車を整備士のところへ持っていって、問題にかかわらず、あらゆる道具を使って直してもらい、そして、1時間以内にやってもらうのを期待する」ことだと喩えています。[23] ワシントンDCで使用されている「インパクト（IMPACT）」システムは、同じ問題で批判されてきました。「インパクト」の下で、教師は、教室での30分の観察を5回受けますが、そこでは、その期間に達成しようとしていることが何であろうと、9カテゴリーにおいて22の異なる教育要素を示すことが期待されています。[24] 中学校教師かつメンターであるエレン・バーグは、カリフォルニア州のサン・ディエゴでかつて採用されていた類似のチェックリストシステムについて述べています。

質の高い教育とは何かについての共通言語がないために、思い付きのチェックリストを使っている場合があります。サン・ディエゴ学校区では、グループワークや協力的学びなど、行われていると考えられているすべてに関するリストを持って、私たちに教室を訪問させました。15分で（あるいは50分であっても）これらすべてを行うのは不可能ですが、教師はリストに載っているすべてのことをしていなかったとして酷評されたのです。[25]

以前の改革時代に見られたように、これらのようなシステムにおいて、教師は、生徒と共に目標を達成するためではなく、チェックリストを満たす授業計画を立てるようになります。そのような場合、教師評価はよい教育の役に立つのではなく、足を引っ張る可能性があります。皮肉なことに、このような過度に規範的な評価システムは、目的よりスキルの勝利を導き、教師の有効性を高めるのではなく、最終的にむしばんでしまうかもしれません。

規範的なチェックリストは、不変のルーティンを実施するものとして教育を捉える部分的で不完全な理解に基づいており、教育目標と関連させて教育実践のより幅広いパターンに注目する基準ベースの評価ツールとは異なります。それらは、評価者側の判断の必要性を減ずるために一般的に採用されていますが、客観的な記録がよい教育をより深く評価する代替となりえると誤解されているためです。よい教育は、生徒のニーズと生徒の学びとの相互関係においてのみ、正しく理解することができるのです。

基準ベースの評価ツールは、教育目標と関連させて教育実践のより幅広いパターンに注目する。

これらのアプローチは、教師陣の有効性をより高めるという目標を最終的に成し遂げることはできません。最終的には、専門としての教育は、他の専門職の実践と同じように、幅広いレパートリーの方略を適切に用いて、クライアントの基準化されていないニーズをどう満たすかについて、専門家の判断に頼らなければなりません。この探究において、教師評価が校長や教師のよい実践への支障や妨害になるのではなく、役に立つことがきわめて重要です。

教師評価が校長や教師のよい実践への支障や妨害になるのではなく、役に立つことがきわめて重要である。

戦略的アプローチの必要性

どのようなビジネスでも、仕事の評価が機械的になったり煩雑になったりして、生産性や実際の遂行の邪魔になってしまうなら問題です。このようになるのを避けるために、評価プロセスの設計者は、下記を考慮して、意味のある、実現可能な方略を生み出す方法を作るべきです。

- 過剰な指標や行動なしに、教育的決断や教育目標と生徒のニーズとの関係性を尊重しつつ、道具が教育を忠実にかつ簡潔に捉えるよう保障する。
- 評価プロセスのいくつかの側面を引き受けることができ、必要とするところで集中的な援助を提供できる熟達教師というかたちで、評価プロセスのリソースを提供する。
- 特に主要なニーズに評価リソースを集中させる——初任教師やクラスで困難を経験している教師への支援、それらの事例における在職権や雇用継続に関する公正で効果的な決断のために必要とされる証拠文書。
- 順調なベテラン教師がより集中的で総括的評価を受ける年と、目標設定と専門家の学びを中心として編成される形成的評価に携わる年を交代することができるプロセスを生み出す。

> ほとんどどのような改革も手続きが目的を押さえ込んでしまいがちであり、このことはとりわけ評価に言える。

ほとんどどのような改革も手続きが目的を押さえ込んでしまいがちであり、このことはとりわけ評価に言えます。州や地区が新しいアプローチを開発するときには、目標をどう達成するかについて戦略的に考える——必要なシステムや支援を整備し、教育者が教育の向上に生産的に取り組めるようにする——ことが重要になります。新しい実践が実施されると、地区はそれらを吟味し、精緻化する必要もあるでしょう。その際、各クラスにおいて、そして学校全体として、より応答的で効果的な教育を実践するという重要な目的から目を離さないことです。

第8章

目標を忘れない――重要な目的から目を離さない

総合的評価――基準とルーブリック採点、多面的な教室観察……生徒の課題の役割と教師の振り返りの役割――は、それらが生徒の成績を予測する程度にも、少数あるいは多数の未熟な教師を取り除くために使われるかどうかにも関係なく、価値がある。それらは、今日のちょっと立ち寄るだけの評価やテストの得点のみよりも、はるかに教育の向上に貢献する。そして、学校におけるさらに高い専門的な雰囲気に貢献する。結果として、公立学校の教育は、職業として採用と雇用維持に苦労してきた種類の才能のある人にとってより魅力的なものになるだろう。有能な人は、自分が重要であると感じられる環境で働くことを望む……総合的評価システムは、教師は重要な仕事をする専門家であるというメッセージを伝える。

――トーマス・トク&ロバート・ロスマン[1]（Toch & Rothman, 2008）

評価を通して教育の有効性を測定し、向上させるための多くの取り組みが、生徒の成績向上への圧力として現れたことを確認しました。そのような取り組みは、生徒の学びを支援することが知られている実践を刺激し、より高い教育能力を発達させるシステムに組み込まれているなら、最高の成果をもたらすでしょう。そのようなシステムは、教職専門基準や、有意義なカリキュラム内容に焦点化した指導に基づくものでしょう。それらはコーチングをよく活用し、同僚や学校が向上していく支援をするための広範囲の機会を教師に提供するでしょう。教育の有効性に関して妥当性を増す尺度を生み出していく——そして、熟達教師を識別し、育て、活用するための革新的なシステムを生み出していく——政策は、最終的に、より効果的な授業を行える専門職を生み出すのに役立ちます。

> 教育の有効性に関して妥当性を増す尺度を生み出していく政策は、最終的に、より効果的な授業を行える専門職を生み出すのに役立つ。

教師評価のための首尾一貫した質の高いシステムを通して教育を向上できる可能性がありますが、これまで見てきたように、効力のない道具や慎重に考慮されていない評価プロセスに頼っているシステムは、害を及ぼす可能性もあります。評価は、教育と教師の学びを支援し、個人と教師集団双方がより大きな有効性を発揮できるようにすべきです。学校全体に及ぶ向上のための目標から目を逸らすのではなく、支援すべきです。そして、才能のある人をこの専門職から遠ざけてしまうのではなく、教育をもっと報いのある魅力的なものとすべきです。

> 教師評価のための首尾一貫した質の高いシステムを通して教育を向上できる可能性があるが、これまで見てきたように、効力のない道具や慎重に考慮されていない評価プロセスに頼っているシステムは、害を及ぼす可能性もある。

これらの目標を達成するシステムを作りだすために、本書でいくつかの重大な要素を説明してきました。これらは、評価の道具や手続きだけではなく、評価が実行される政策システムや、継続的な学びと向上を刺激する必要のある学校単位の条件も扱います。重要な条件は下記の通りです。
- 州の免許と現職評価双方のために教師が査定されることへの、明確な専門職基準。
- 実際の教育パフォーマンスを、キャリアの重要な岐路——初期免許授与、専門職免許達成、熟達した実践の選定——で正当かつ確実に測定するパフォーマンス査定の連続体。
- 以下のような多面的尺度に基づいて教師の有効性を評価する現職評価。
  ↓実践の評価：教室での観察や他の教室の証拠（例：授業計画、生徒の宿題、学習課題への取り組みの典型事例）の検討をもとに、計画、指導、学習環境、生徒の査定を検討する基準ベースの道具を用いて行う。

  ↓幅広い正当な査定におけるその教師の生徒の学習の証拠。査定は、カリキュラムと、特別支援教育を受けている生徒や英語学習者である生徒を含む、教師が教えている生徒を適切に評価するものであること。

  ↓同僚や学校全体への貢献に関する教師の評価。
- 強力な専門家の学びの共同体を構築し、教師が基準を満たせるようにする、つながりのある、継続的な質の高い専門家の学びの機会。
- 評価者の研修や、必要な教師に集中的援助を提供することのできる熟達教師、プロセスを監視し時宜を得た根拠の明確な人事決定をすることのできる運営体制、管理しやすいシステムを支えることのできるリソースを保証することによる、公平で効果的な評価を可能にする構造。
• システム開発や、進行中の意思決定プロセスを支える運営体制への教師の参加。

これらの要素が整っている場では、評価の経験は洗練された教育を発達させる支えとなりえます（囲み「質を見分け、教師の学びを促進する評価」参照。評価がそうあるべき、熟達教師集団の展望が示されています）。

質を見分け、教師の学びを促進する評価

ルイーザは、4年目の理科教師ですが、教師としての発達ポートフォリオについて、評価者と共に検討するために着席します。今のところ彼女のポートフォリオには、養成プログラムの終わりから教室での最初の3年間までの仕事に関する記録と分析が含まれています。また、過去3年間で彼女が行った専門性の発達プロジェクトの記録と査定も含まれています。ルイーザと評価者は、共に特定したニーズに彼女が対応するのに役立てるため、彼女の教師としての最初の数年における異なる時期からそれらを選びました。

スザンナは、ルイーザの現在の評価者ですが、15年経験のある同じ学校のベテラン理科教師です。彼女は、毎日3時限、地区評価チームのメンバーとしての仕事に専念できます。その役割において、

スザンナは同僚を観察し、書面評価の準備をし、教師と会って話し合いをしたり、あるいは観察計画を立てたりし、地区チームが評価と個人の専門性の発達計画の再検討を行う会議に出席します。地区評価チームは熟達した担任教師と、各学校の管理者、地区の同僚間の援助・点検プログラム・コーディネーターで構成されています。彼らの仕事は、教師の評価を再検討して、各教師が、期待されるパフォーマンスを満たし、教師の発達の連続性に沿って進歩し、パフォーマンスを向上させる方法に関する適切な助言を受けられるよう保証することです。教師のパフォーマンスに重大な懸念のある事例が生じた場合、チームは別の評価者を送り込んでその懸念が正しいかどうかを確認し、ターゲットを絞ったコーチングから解雇に及ぶ可能性のある一連の行動をチームが提言するのを支援します。

ルイーザは、スザンナが前日に観察した授業に関するメモが書いてある観察ノートのページを開きます。スザンナはすでにルイーザに、作成した観察記録メモのコピーと、会う前に考えておくべき質問を渡していました。ルイーザは、授業に関する振り返りや、スザンナと共に詳しく検討したい質問を書き加えていました。ルイーザは、その午前中に生徒が書いたものを持って来ていましたが、それは、生徒が授業に参加した際に彼女が提示した質問に対して書かれたものです。スザンナはルイーザにその授業に対する彼女自身の査定、特に、その議論がどれくらいうまくいったと思うかについて尋ねます。ルイーザは、その議論の間に3回しか質問を明確にするための言葉を差し挟まなくてよかったことに満足しています。彼女は、生徒たちが議論において見せた教科内容の熟達度の証拠を指摘します。しかし、議論の間に起こったことと、ルイーザが持ってきた生徒が書いた教科内容の熟達度の証拠との間に矛盾があります。

観察ノートにおいてスザンナは、ルイーザが説明したのと同じような証拠に数多く言及しています。彼女は、生徒はまだ自分の考えを明確に説明するのに苦労していることを指摘します。彼女は、生徒が他の生徒に対して行う質問や、読んだ情報文に生徒がわずかしか言及しなかったことにルイーザの注意を向けさせます。これは、ルイーザにとって「目からうろこが落ちた瞬間」でした。

「あぁ」、「これは、情報文の読解力を問う質問に対して、子どもたちがうまく答えられないのはなぜか解明しようとしていたときに、私たちが話していたことですね！」と彼女は言います。彼女は、他の査定と並行して、学校の標準テストデータの一部を見た後に行った会議のことに言及しています。ルイーザは、読んだことに関する生徒の質問が少なく、会話が想像力に欠けたものが多かったことについて、何度か不満を述べていたのです。彼女は、生徒の質問が不足していたのは、読んだ文章に関して質問をする能力と関連しているのではないかと示唆しました。

スザンナは、科学の探求とは、適時に「なぜ？」という問いができることであるとルイーザに気づかせます。ルイーザはこのことを知り、読みながら質問を提起することは、読み手が自分の理解を深く探る一つの方法であることを認識します。もし生徒が、読みながらそうしていなかったのなら、自分が書いたものや口頭での説明は、受け手が明確に理解する機会を与えていないと気づいていない可能性が非常に高いでしょう。「私は何をすべきなのでしょうか？」とルイーザは尋ねます。スザンナは、理科における生徒の読解に関するアクションリサーチを行っているルイーザと彼女の同僚たちに、数年間にわたって英語学習者に読み方を教えている英語教師を次の調査会議に招いて、この生徒たちに試してみる方略を探る支援をしてもらおうと提案しました。

スザンナの役割は、ルイーザが自分の使う方略が成功するように熟考する手助けになることに焦点化して観察を行うことです。スザンナは今年のルイーザの仕事に教育基準の証拠を探し、彼女たちはルイーザがこの問題を解決できるよう効果的な授業を行うスキルに集中することに合意しました。彼女たちは、観察内容と会話の記録、ルイーザのポートフォリオの4年目部分における合意をファイルして終えました。このようにして、ルイーザの専門家としての旅の記録の新たな章が始まるのです。

出典：Accomplished California Teachers (2010).

この種の継ぎ目のない支持的評価システムが機能するためには、包括的システムの特に重要ないくつかの側面が達成されなければなりません。それは以下の側面です。

- 州の免許システムと地区の評価の一致
- 教師の実践に関する証拠と生徒の学びに関する適切な証拠の統合
- 評価と個人的および共同的な専門的な学びの結合

州の免許システムと地区の評価を一致させる

教師陣の一部メンバーの能力に関して現在懸念がもたれている理由の一つは、教師養成と免許システムは、教師が専門家の道を歩み始めるときの能力を、常には保証していないと社会が見ていることです。さらに、大半の州において、教師になるための準備と免許授与に用いられる基準、教師が現場で働くようになったときの基準との間に大きな分断があることです。

これらの問題を解決することは、強固な教職専門性を発展させていくためにきわめて重要です。専門職は、すべての新規参入者が共通の知識とスキルの素地を習得しているという事実によって定義づけられ、そうした知識やスキルは研究に基礎づけられており、専門性の基準に反映されて、顧客の幸福安寧を高めるために用いられます。専門職は、知識を責任を持って適用する能力を測る専門職検定試験――たとえば司法試験、医師免許試験、建築家登録に必要なポートフォリオなど――を通して、こうした基準を確実なものにします。

> 専門職は、すべての新規参入者が共通の知識とスキルの素地を習得しているという事実によって定義づけられ、そうした知識やスキルは研究に基礎づけられており、専門性の基準に反映されて、顧客の幸福安寧を高めるために用いられる。

本書の第2章、第3章で述べた新しい教師のパフォーマンス査定のように、これらの専門職免許授与と認定査定は、その準備や雇用の文脈の外で実施されていますが、それは単にある特定機関の見解ではなく、分野全体としての知識とスキルを代表できるようにするためです。それらは訓練された専門家によって、共通の基準に則って点数化されます。これらの査定は準備プログラムにも影響を与えます。なぜなら、志願者が学ばなければならない多くの知識とスキルを具体的に示しているので、教えるべきカリキュラムを明確にするのに一役買っているためです。雇用の文脈においては、病院や法律事務所、建築事務所などの地方の組織は能力の判断をしますが、専門家が適切な実践を行ったか、過誤のある実践を行ったかをはっきりさせるために、専門職の基準全体を用います。

基本的なスキルと教科に関する知識に主に的を絞っている教員免許試験は、着任前の教える能力を有意義に査定するわけではないため、教育は専門性に関するこの重要な要素に欠けていました。有意義な着任制限がないことが意味するのは、新任教師が教室に持ち込むべき基本をマスターしているかどうかを把握するという重責が、学区に負わされているということです。教育において、免許授与のためのパフォーマンスベースの査定を作成し、地区の評価に同一の専門職基準を適用すべきときが来たのです。INTASC基準は40以上の州で採用されていますが、教師や教師教育者によって開発されてきた着任のための新しいパフォーマンスベースの査定を補強しています――そして、ますます多くの州が、今ではそれらを使って地区評価手段を形成しつつあります。

先に記述したルイーザの事例は、そのような協調的なシステムが生み出すことのできた学びのよい例です。4年目の教師として、ルイーザはスキルを伸ばし、養成プログラムから教室での最初の3年間を通してずっと同一の教育基準を軸にして自分の実践を記録しました。継続してきたポートフォリオは、養成教育の終わりに彼女が完了したパフォーマンス査定と共に、州の生徒の学習基準を軸に計画し、教え、生徒を査定する――そして、教育に関する州の基準に照らして自分の実践と成果を振り返る――能力を具体的に示すようになりました。

この切れ目のない経験は、州のシステムが全面的に見直され、免許のための教師のパフォーマンス評価を求めるようになったことによって促進されました。新任者が責任をもって実践できるかどうかを有効かつ信頼性のあるやり方で測定することによって、着任するためのハードルが引き上げられたのです。査定（この例では、「カリフォルニア州教師のためのパフォーマンス査定」）は、ルイーザの準備プログラムを認定するために用いられたものと同じ教育基準に基づいているため、彼女の研修は、テストされた知識とスキルをマスターしていることを保証するよう組まれていました。査定は彼女が教えるための準備とレディネスの強化に役立ちました。彼女の経験の一貫性は、これらの基準を導入プログラムと後の現職評価へと拡大することによってさらに高められました。

準備から実践に至るまでの一貫性を作りだすことは、教師陣の能力を大いに向上させるでしょう。マサチューセッツ州、ミネソタ州、オハイオ州、ワシントン州は、初任教師の免許授与のためのパフォーマンス査定を採用してそのような一貫性を作りだすために歩を進めてきた州ですが、最初の導

準備から実践に至るまでの一貫性をつくり出すことは、教師陣の能力を大いに向上させるだろう。

入と継続評価のための基準とを結びつけました。州は、免許授与に対する専門職全体にわたる査定を通して、すべての新参者が満たす専門的な基準を確立し、保証する役割を果たし、最初のハードルをクリアした教師の継続的な発達

をより支えられるようにして、地区の役割を補完すべきです。

実践の証拠と生徒の学びの証拠を統合する

ルイーザの事例はまた、いかに評価プロセスが、教育を前進させるやり方で実践の証拠を生徒の学びの証拠と結びつけられるかも例証しています。標準テストのデータを検討することによって、ルイーザの部署は、目的達成をよりよく支援する可能性のある、さらに探求すべき分野に着目しました。その上で現在の教育の文脈における実際の生徒の課題に目を向けることによって、ルイーザは、評価者の助けを得て、自分の生徒がどのように考え、理解しているかをより明確に把握し、生徒の学びを強めるように計画を微調整することができました。

第4章、第5章で示したように、生徒の学びに関する確実で豊富な証拠を評価プロセスと統合すること——目標設定の段階で、年度を通して、教育周期（1年、学期、学習の単位）の終わりに——は、教師やメンター、評価者が、教える前・最中・結果において生徒が何を知り、できるのかを直接知る上で役立ちます。この証拠はカリキュラムや教育目標と直接的に関連しており、生徒の考えや論理的思考、幅広い知識やスキルに関するパフォーマンスといった、生き生きとした実例を盛り込むことができます。

標準テストの得点は、生徒の成績レベル（通常、知識を認識しているかを尋ねる項目に限定されます）

に関する一般的な考えを提示することはできますが、報告される得点によって、生徒が考えていることや、実際に行う方法について知っていることの詳細な洞察は得られません。現在行われている大半のテストの得点は、コミュニケーションや調査を要する達成、新たな考えや結果の産生、あるいは新たな問題や状況への知識の応用を評価できないため、限定的なものです。さらに、第5章で述べたように、これらのテストに基づく付加価値尺度は、学年レベルよりはるかに高い、あるいは低い成績を測定するように設計されておらず、特定の生徒集団にかかわる教師にとって不安定であり、かつ偏っています。最後に、生徒のテスト得点の伸びを、1人の教師の貢献によるものと捉えたり、生徒の学びに与える多くの他の影響やクラス構成から切り離したりするのは不可能に近いことです。

したがって、教室観察に基づく評定と同じく、他と切り離された単一のテストに基づく測定基準に依存している評価システムは、教育の質を理解することにも、向上することにも特段役に立たず、害がありさえするかもしれません。かなりの頻度で、二つの尺度は相互に合致せず、付加価値尺度の変動は教育実践における特定の変化と関連がありません。すべての教師に利用される単一のテスト尺度も、特定の生徒にとって無効でしょうし、教えられている特定のカリキュラムの評価にも不十分でしょう。

> 教室観察に基づく評定と同じく、他と切り離された単一のテストに基づく測定基準に依存している評価システムは、教育の質を理解することにも、向上することにも特段役に立たず、害がありうる。

有用なものにするためには、教育成果の尺度は、教えられているカリキュラムや生徒、そして、評価される教師の実践と結びついた、もっと繊細な分析によって検討されなければなりません。これらの尺度には多様な種類のテスト得点も含まれるかもしれませんが、学習中の内容に関する最も直接的な尺度と、教室内の生徒に最もふさわしい尺度により大きな比重が置かれます。尺度にはまた、教室において行われた特定の取り組みから得られる生徒の課題も含まれるべきですが、それは、特定の学習目標に焦点が当てられた教師の実践という観点から分析することができます。第4章、第5章で述べたように、この種の仕事は、教育−学びサイクルを注意深く評価し、教師の考え方や実践方法を変えるために用いることができます。

教育政策研究連合（Consortium on Policy Research in Education: CPRE）による最近の研究に、教師の実践に関する情報と、生徒の学びに関する情報を結びつけることの重要性が述べられています。この研究が調査したのは、指導と生徒の成果が、生徒の学びのデータと共に、教室観察から引き出された自分の実践について教師に議論させることによる影響を受けるかどうかについてでした。生徒のデータについてのみ議論をした教師の統制群と比較して、生徒の学びのデータについて同僚と議論を行った同じセッションで、自分の教育に関するフィードバックを受けたグループは、そのフィードバックで強調された種類の指導方略が後により変化し、生徒の学習成果が著しく高まりました[2]。

短期的には、教師が主に生徒の得点という単一のセットに基づいて決定を行うようにするのはより単純に見えるかもしれませんが、このアプローチは、教育分析において光明を見いだすよりは無駄な熱気を生み出してしまい、より明確さが求められるところにより大きな混乱を生み出すことが多いと言えます。この種のテスト得点データを未熟なやり方で用いることによって、誤った評価をしたり、よい教師を失ったり、最も必要の高い生徒を避ける動機づけとなったりしてしまう可能性があるため、

> 学びの多角的な尺度が実践の証拠と結びつけられるときに、最大の利益が保証される。

有害な影響を与える可能性があります。学びの成果に注意を向けることは重要ですが、学びの多角的な尺度を実践の証拠と結びつけ、教育がいかに生徒の成長と進歩に影響を与えるかを意味あるやり方で描き出すときに、最大の利益が保証されるでしょう。

この評価の側面において、私たちの目的から目を逸らさないようにすることが特に重要です。私たちの目標は、単に単一の尺度で教師を順位づけすることにあるのではありません。目標は、すべての生徒のための質の高い指導を支えることにあります——生徒が何を学んでおり、教育がいかに生徒の進歩を支えることができるかについて精緻に理解し、十分な情報を得てなされる指導です。

> 目標は、単に単一の尺度で教師を順位づけすることにあるのではない。目標はすべての生徒のための質の高い指導を支えることにある。

共同的視点の決定的な重要性

本書を通して私が強調してきたのは、教育が最も向上するのは、同僚性が発揮される状況、つまり、共通の目標が設定され、カリキュラムが共同開発され、専門性が共有される状況においてであるということです。実際に、教師がより長く勤め、チームとして働いている場において、生徒の利益が最も大きなものとなることが研究によって示されています。個別の教師評価は教育向上方略の一部となりえますが、教職前準備と専門家の学びの共同体における仕事を通した専門職全体にわたる知識を発達させ、普及させることへの継続的投資に代わることはできません。

> 教師がより長く勤め、チームとして働いている場において、生徒の利益が最も顕著となることが研究によって示されている。

この点を示すのに最適な、もう一つの例があります。リン・フォーミグリは、理科で全米教職専門職基準委員会認定資格を得た教師で、地区組合の指導者ですが、サンタクララ統一学区の別の評価プログラムに参加したことが、生徒の文章作成向上に関する目標に取り組むのに役立ったこと、そして、その過程で、さらに多くの学びを得たことについて述べています。

生徒の文章作成を向上させることに苦戦し続ける中で、私は7・8年生の文章作成教師とチームを組みました。私たちの狙いは、異なる学年でどう文章作成を教えるかにありました。私たちは互いに、文章作成のプロセスを教えている様子を観察することに時間を費やしました。その後で私たちは会って、観察を比較しました。私たちは、生徒の文章作成を向上させる特定の方法と同時に、すべての学年と教科にわたって文章作成を統合するという考えを手に入れました。他の教師が生徒に文章作成のプロセスを説明している様子を観察することで、モデリングがとても重要だということがわかり、生徒に例を示すとき、答えを教えてしまうという不安に打ち勝てるようになりました。生徒がより効果的にコミュニケーションをとれるようになる支援を探る中で、私たちは全員が、生徒の文章作成の足場づくりをするための類似の道具を発展させていたんです。議論しながら、私たちは、使用している道具を標準化することが生徒に与える影響を考えて興奮しました。そうすれば、生徒はクラスが違っても、学年が違っても、それに気づくでしょう。この目標に向かって学校全体で努力を続けながら、私たちは教師間のコミュニケーションと協働が高まるという利益をも得られました。結果は、毎日教える生徒に大きな利益をもたらすものでした。[3]

リンの校長もこの経験から学びを得ていました。リンと2人の同僚が、この仕事のまとめとその過程への振り返りを提出した後で、彼は公式の評価の中でこう書いています。

中学校レベルで、授業日を通して、共通の糸が通っていることがわかるとき、それは有益である。理科で学ぶことが英語で学ぶことと結びついているとき、どちらもより納得がいく。指導が全科目を通じて、そして学年を通じて連係しているとき、私たちはよい教育を行っているだけではなく、魔法が起こるのである。そしてそれが、リン、ルルド、サラが生み出したものである…これまでのものに代わる評価プロジェクトに関連する振り返りの議論に参加することは、私にとって評価－スーパービジョンのハイライトであった。私たちは、文章作成のプロセスや分野、学年横断的で科目横断的な教育、職員の発達の機会、基準、学びの経験を共有する必要性、検証、その他さまざまなことについて話した。[4]

この共同的視点を支えるやり方で評価を構築することは可能です。しかし、個人に焦点を当てた競争志向的評価や報酬の実践が同僚との仕事を損ない、専門性の共有と学びの機会を阻害してしまうことも、等しく考えられます。もし教師が互いに順位づけられ、報酬が競争原理に基づいて配分されるなら、評価は共同的な向上に向けた努力を損ね、結局は教師と生徒の学びを損ねてしまうでしょう。

> 指導が全科目を通じて、そして学年を通じて連係しているとき、私たちはよい教育を行っているだけではなく、魔法が起こる。

同僚性が促進されるのは、教師の学校の向上への貢献や、同僚、保護者との協働が、評価基準の中で高く評価されているときであり、教育や学びの分析の機会が教育チームに受け入れられ、同僚コーチングや計画の機会とつながりあうときです。第6章と第7章で述べたように、有益な専門家の学びと効果的なコーチングには、長期にわたって持続的に指導に取り組む、共同体としての取り組みが求められます。成功する実践によってまた、評価システムのデザインと運営に教師と管理者のチームが取り組むのであって、誰もが実践の基準を共有し、仕事をいかに向上させるかについての共同的視点を持つことができるようになります。

まとめ

教師の発達と評価に関する包括的で一貫したシステムは、すべての生徒のための質の高い教育という目標を達成するために必要です。そのようなシステムの鍵となる重要な特徴（囲み「効果的な教師評価システムの基準」に要約）は、多くの学校や地区で見られますが、すべての要素を一つのタペストリーに織り込んでいるところはわずかしかありません。これは今後の重要な仕事です。

> 本書を通じて提示してきたアメリカ合衆国や世界各国のモデルは、地区や州、教師、組合が、評価、専門性の発達、専門的助言の中で育つ教師陣を支える同僚間の学びを結びつけ、最良の教師を職に留め、効果的に教えることができない教師を向上させ、あるいは解雇するシステムを作っていく糸口となるだろう。

本書を通じて提示してきたアメリカ合衆国や世界各国のモデルは、地区や州、教師、組合が、評価、専門性の発達、専門的助言の中で育つ教師陣を支える同僚間の学びを結びつけ、最良の教師を職に留め、効果的に教えることができない教師を向上させ、あるいは解雇するシステムを作っていく糸口となるでしょう。結局のところ、教師はかかわっている生徒の多様なニーズを満たす能力を持っていなければならないとすれば、これらの目標のすべてが非常に重要です。

効果的な教師評価システムの基準

1　教師評価は専門的な教育基準に基づくべきであり、新人から熟達教師に至るまで発達の連続体の全体にわたって教育の質を評価するのに十分洗練されたものであるべきである。

2　評価は教師の実践、生徒の学び、専門的な貢献に関する多面的な証拠を含むべきであり、それらは統合的なやり方で、相互関連において、そして教育の文脈との関連で検討される。生徒の進歩を判断するために用いられるすべての評価は、特定のカリキュラムや教師が教える生徒にとって適切なものであるべきである。

3　評価者は指導について熟知しており、評価システムの訓練を十分に積んでいるべきであり、それには実りのあるフィードバックを与える方法や、教師の現在進んでいる学びを支える方法に関するプロセスが含まれる。できるだけ頻繁に、そして重大な意思決定を行うとき（たとえば、在職権や免許更新）には常に、評価チームは特定の教育分野における専門家が加わるべきである。

4　評価は有益なフィードバックを伴い、専門性の発達の機会とつながっているべきであり、それは教師の目標とニーズに関連したもので、正規の学びの機会も、仲間との協働・観察・コーチングも含まれる。

5　評価システムは教師の協働を評価し促進するべきであり、それは教師の仕事を評価するために用いられる規準や基準においても、専門家の学びの機会を作りだすために結果が用いられる方法にも該当する。

6　新任教師や追加的な援助が必要な教師の援助とレビュープロセスに熟達教師が含まれるべきである。彼らは追加的な教科特有の専門知識と、集中的で効果的な援助を提供し、在職権や雇用継続に関する決定を十分根拠のあるものとするのに必要な人としての力を提供しうる。

7　教師や管理者からなる識者が評価プロセスを監視すべきであり、それが徹底的で質の高いものであると同時に、公平で信頼できるものであることを保証すべきである。そのような識者は、苦情や訴訟を避け、より適時で十分な根拠に基づいた人事決定を促進することが示されている。システムが確実によい教育を十分に反映し、効果的に運用され、教師の有益な学びの機会につながっており、妥当な結果を生み出すよう、教師と学校指導者はその開発、実行、モニターに関与すべきである。

訳者あとがき

ダーリング－ハモンドは、スタンフォード大学教育学部の教育学教授であり、アメリカの教育政策の研究でよく知られ、とりわけ教育現場での学校の改革また教師教育を教育機会の平等の追求という視点で検討し、論陣を張っていることで知られている。オバマ政権のときの教育政策をリードしている。きわめて多数の論文と学術著書を書いており、日本でも既に翻訳がなされ（『パワフル・ラーニング』（北大路書房）、『よい教師をすべての教室へ』（新曜社））、日本の現行の主体的・対話的で深い学びを目指す教育改革、またそれに伴う教師養成・研修の施策形成にもその影響力は少なくないと言える。

ここに訳出した『教師に正しい評価を』は、次が原著である。

L. Darling-Hammond (2013) *Getting teacher evaluation right : What really matters for effectiveness and improvement*, Teachers College Press.

日本の教育改革の方向またそこでの進め方、さらにどういうデータとエビデンスにより改革を進めていけばよいのかについては、この10年日本でも遅ればせながら活発に議論がなされてきた。そして、エビデンスを重視する動きの中で、個々の学校また教師の何らかのパフォーマンスを数値化し、それにより学校・教師を位置づけ、改善を進め、さらにその成果を学力テストなどにより数値的に確認していこうとする提案がなされ、一部の地域では実施されてもいる。そのやり方は望ましいのか。他のやり方はないのか。弊害があるのではないか。文部科学省が行う全国学力テストが都道府県ごとに

(ときに知事などの判断で市町村レベルでも)その平均点が公表され、授業改善の資料とすることを趣旨としていながらも、ときに競争を煽り、いわば学校・教師を追い立てる使い方も現れている。それが本当に改革の成果を実りあるものにするのか。

教育実践は常に教師また学校での具体的な実践過程での工夫の蓄積に依存しており、その蓄積の伝承とまたそこでの新たな工夫の組み込みが肝心であり、それを可能にするのが個々の教師を含めた学校という学びの共同体の風土であるだろう。そのプロセスを活性化することこそ学校教育の改革の要であり、その質の向上につながるのだと捉えることもできる。少なくともダーリング－ハモンドがその研究と実践的関わりを通して訴え続けるメッセージ、そしてそれが日本の現行の学校教育へと密につながるところはその点であると、私などは原著が出たときに読んで確信を持ったのである。とりわけ教師また学校評価という点で外部からの数値的評価が提案され実施され始めている現行の日本の学校教育に対して、多くの示唆を与えるものと捉えている。

本書はこのように、ダーリング－ハモンドが追究する学校教育の改革への処方箋を、特に教師評価という面から検討したものである。多数の研究また学校現場での実例から、その具体的な解明を行っている。アメリカにおける教師評価システムが見直され、データによる(つまりは各教師の示す達成についての数値的エビデンスによる)評価を進め、問題のある教師を除き(終身雇用権を与えないとか)、優秀な教師を表彰し、さらに給与を上げ、また権限を増していく等のやり方が増えていったのだが、そこに深刻な問題が生まれたという。何より、かえって優秀な教師を除いていくということすら起きているのである。それは生徒の成績の点数に基づく学力テストその他の数値的指標により改善度合いを見て教師の達成の優秀さを見ようという、一見したところもっともなやり方によっている。それは例えば、既に優れた成績を上げていたらそれ以上は上げられないとか、逆にあまりに低い成績の状況では単に教師の指導の工夫を超えた深刻な生徒の、また社会的な背景の問題があり、すぐに改善が見込まれないとか、いくつもの矛盾があり、かえって教師の改革へと向かう意欲を削ぐのみならず、頑張っている優秀な教師を追い詰めているのである。

それに対して、著者は教師自身による計画と学習の協働的なモデルを提起している。学校こそが改革の単位なのである。（1）研究とベストプラクティスに基づいた包括的な教師評価システムを提示し、（2）専門的な基準に照らした授業実践の評価、生徒の作品の数々、専門家コミュニティへの積極的な参加に基づいて評価を行う全米の様々なモデルを説明し、（3）教員の同僚がどのように評価と支援システムの一部となるかを説明し、（4）改善できない教員がどうしてもいるなら、それを決定するための公正で実証的なプロセスの作り方を示している。

結論において、効果的な教師評価システムの基準とは何かを明確にしている。

1　教師評価は専門的な教育基準に基づくべきであり、新人から熟達教師に至るまで発達の連続体の全体にわたって教育の質を評価するのに十分洗練されたものであるべきである。

2　評価は教師の実践、生徒の学び、専門的な貢献に関する多面的な証拠を含むべきであり、それらは統合的なやり方で、相互関連において、そして教育の文脈との関連で検討される。生徒の進歩を判断するために用いられるすべての評価は、特定のカリキュラムや教師が教える生徒にとって適切なものであるべきである。

3　評価者は指導について熟知しており、評価システムの訓練を十分に積んでいるべきであり、それには実りのあるフィードバックを与える方法や、教師の現在進んでいる学びを支える方法に関するプロセスが含まれる。できるだけ頻繁に、そして重大な意思決定を行うとき（たとえば、在職権や免許更新）には常に、評価チームには特定の教育分野における専門家が加わるべきである。

4　評価は有益なフィードバックを伴い、専門性の発達の機会とつながっているべきであり、それは教師の目標とニーズに関連したもので、正規の学びの機会も、仲間との協働・観察・コーチングも含まれる。

5　評価システムは教師の協働を評価し促進するべきであり、それは教師の仕事を評価するために用いられる規準や基準においても、専門家の学びの機会を作りだすために結果が用いられる方法にも該当する。

6　新任教師や追加的な援助が必要な教師の援助とレビュープロセスに熟達教師が含まれるべきである。彼らは追加的な教科特有の専門知識と、集中的で効果的な援助を提供し、在職権や雇用継続に関する決定を十分根拠のあるものとするのに必要な人としての力を提供しうる。

7　教師や管理者からなる識者が評価プロセスを監視すべきであり、それが徹底的で質の高いものであると同時に、公平で信頼できるものであることを保証すべきである。そのような識者は、苦情や訴訟を避け、より適時で十分な根拠に基づいた人事決定を促進することが示されている。システムが確実によい教育を十分に反映し、効果的に運用され、教師の有益な学びの機会につながっており、妥当な結果を生み出すよう、教師と学校指導者はその開発、実行、モニターに関与すべきである。

最後に本訳書は、松井と野澤が分担して訳出したものを無藤が逐一点検したものであり、三名がともに全体として責任を持って行った。また新曜社の塩浦さんには（訳者の個別的事情により翻訳が遅れたにもかかわらず最後まで）サポートをしていただき、刊行まで翻訳文の検討を含めて編集作業を進めていただいた。遅れたことのお詫びを含めて、感謝申し上げたい。

訳の分担は、左記の通りである。

第1章・第2章・第4章・第5章　野澤祥子
第3章・第6章・第7章・第8章　松井愛奈

訳者を代表して
無藤　隆

索　引

■た行

■な行

■は行

■ま行

■や行

■ら行

■わ行

引用文献

Accomplished California Teachers (ACT). (2010). *A quality teacher in every classroom: Creating a teacher evaluation system that works for California.* Stanford, CA: National Board Resource Center, Stanford University.

Agam, K., Reifsneider, D., & Wardell, D. (2006). The Teacher Advancement Program: National Teacher Attitudes. Available at http://www.tapsystem.org/publications/publications.taf?page=reports_archived

Alexander, K. L, Entwisle, D. R., & Olson, L. S. (2007). Lasting consequences of the summer learning gap. *American Sociological Review, 72,* 167-180.

American Federation of Teachers. (2012). *Raising the bar: Aligning and elevating teacher preparation and the teaching profession.* Washington, DC: Author.

Amrein-Beardsley, A., & Collins, C. (2012). *The SAS® (EVAAS®) Education Value-Added Assessment System: Intended and unintended consequences. Education Policy Analysis Archives, 20*(12). Available at http://epaa.asu.edu/ojs/articl/view /1096

Anderson, J. (2012, February 19). States try to fix quirks in teacher evaluations. *New York Times.* Available at http://www.nytimes.com/2012/02/20/education/states-address-problerns-with-teacher-evaluations.html?_r=1&pagewanted=print

Athanases, S. (1994). Teachers' reports of the effects of preparing portfolios of literacy instruction. *Elementary School Journal, 94*(4), 421-439.

Ayers, J. B. (1988). Another look at the concurrent and predictive validity of the National Teacher Examinations. *Journal of Educational Research, 81,* 133-137.

Baker, E. L., Barton, P. E., Darling-Hammond, L., Haertel, E., Ladd, H. F., Linn, R. L., Ravitch, D., Rothstein, R., Shavelson, R. J., & Shepard, L. A. (2010). *Problems with the use of test scores to evaluate teachers.* Washington, DC: Economic Policy Institute.

Ball, D., & Cohen, D. (1999). Developing practice, developing practitioners: Toward a practice-based theory of professional education. In L. Darling-Hammond & G. Sykes (Eds.), *Teaching as the learning profession: Handbook of policy and practice* (pp.3-32). San Francisco, CA: Jossey-Bass.

Banilower, E. R. (2002). *Results of the 2001-2002 study of the impact of the local systemic change initiative on student achievement in science.* Chapel Hill, NC: Horizon Research.

Baratz-Snowden, J. (1990). The NBPTS begins its research and development program. *Educational Researcher, 19*(6), 19-24.

Berry, B. (2009). *Keeping the promise: Recruiting, retaining, and growing effective teachers for high-needs schools.* Raleigh, NC: Center for Teaching Quality.

Berry, B., & Daughtrey, A., with Moore, R., Orphal, D., & Ratzel, M. (2012). *New student assessments and advancing teaching as a results-oriented profession.* Washington, DC: Arabella Advisers.

Bill & Melinda Gates Foundation. (2010). *Learning about teaching: Initial findings from the Measures of Effective Teaching Project.* Seattle: Author.

Black, P., & Wiliam, D. (1998). Assessment and classroom learning. *Assessmemt and Education: Principles, Policy And Practice, 5*(1), 7-75.

Blank, R. K., de las Alas, N., & Smith, C. (2007). *Analysis of the quality of professional development programs for mathematics and science teachers: Findings from a cross state study.* Washington DC: Council of Chief State School Officers.

Bond, L., Smith, T., Baker, W., & Hattie, J. (2000). *The certification system of the National Board for Professional Teaching Standards: A construct and consequential validity study.* Greensboro, NC: Center for Educational Research and Evaluation.

Braun, H. (2005). *Using student progress to evaluate teachers: A primer on value-added models.* Princeton, NJ: ETS Policy Information Center.

Briggs, D., & Domingue, B. (2011). *Due diligence and the evaluation of teachers: A review of the value-added analysis underlying the effectiveness rankings of Los Angeles Unified School District teachers by the* Los Angeles Times. Boulder, CO: National Education Policy Center.

Bryk, A., Camburn, E, & Louis, K. (1999). Professional community in Chicago elementary schools: Facilitating factors and organizational consequences. *Educational Administration Quarterly, 35*(5), 751-781.

Buchberger, F., & Buchberger, I. (2004). Problem-solving capacity of a teacher education system as a condition of success? An analysis of the "Finnish Case," In F. Buchberger & S. Berghammer (Eds.), *Education policy analysis in a comparative perspective* (pp.222-237). Linz: Trauner.

California State University Institute for Education Reform. (2000, March). *Peer assistance and review: Working models across the country.* Sacramento: Author.

Calkins, A., Guenther, W., Belfiore, G., & Lash, D. (2007). *The turnaround challenge: Why America's best opportunity to dramatically improve student*

achievement lies in our worst-performing schools. Boston: Mass Insight Education & Research Institute.

Cavaluzzo, L. (2004). *Is National Board Certification an effective signal of teacher quality?* (National Science Foundation No. REC-0107014). Alexandria, VA: The CNA Corporation.

Cohen, D. K., & Hill, H. C. (2000). Instructional policy and classroom performance: The mathematics reform in California. *Teachers College Record, 102,* 294-343.

Corcoran, S. P., Jennings, J. L., & Beveridge, A. A. (2011). Teacher effectiveness on high- and low-stakes tests. Working paper, New York University.

Corcoran, T., McVay, S., & Riordan, K. (2003). *Getting it right: The MISE approach to professional development.* Philadelphia: Consortium for Policy Research in Education.

Culbertson, J. (2012, November). Putting the value in teacher evaluation. *Phi Delta Knppan, 94*(3), 14-18.

Daley, G., & Kim, L. (2010). *A teacher evaluation system that works.* Santa Monica, CA: National Institute for Excellence in Teaching.

Darling-Hammond, L. (1999, Spring). Target time toward teachers. *Journal of Staff Development, 20*(2), 31-36.

Darling-Hammond, L. (2000). Teacher quality and student achievement: A review of state policy evidence. *Educational Policy Analysis Archives, 8*(1). Available at http://epaa.asu.edu/epaa/v8nl

Darling-Hammond, L. (2002). *Access to quality teaching: An analysis of inequality in California's public schools.* Los Angeles: UCLA, Institute for Democracy, Education, & Access. Williams Watch Series: Investigating the Claims of *Williams v. State of California.* Paper wws-rr002-1002. Available at http://repositories.cdlib.org/idea/wws/wws-rr002-1002

Darling-Hammond, L. (2010). *The flat world and education: How America's commitment to equity will determine our future.* New York: Teachers College Press.

Darling-Hammond, L., & Bransford, J. (2005). *Preparing teachers for a changing world: What teachers should learn and be able to do.* San Francisco: Jossey-Bass.

Darling-Hammond, L., Meyerson, D., LaPointe, M., & Orr, M. (2009). *Preparing principals for a changing world.* San Francisco: Jossey-Bass.

Darling-Hammond, L., Newton, S. P., & Wei, R. C. (2012). *Developing and assessing beginning teacher effectiveness: The potential of performance assessments.* Stanford, CA: Stanford Center for Opportunity Policy in Education.

Available at http://edpolicy.stanford.edu/sites/default/files/publications/developing-and-assessing-beginning-teacher-effectiveness-potentia11-performancc-assessments.pdf

Darling-Hammond, L., & Richardson, N. (2009, February). Teacher learning: What matters? *Educational Leadership, 5*(66), 46-53.

Darling-Hammond, L., & Rothman, R. (2011). *Teacher and leader effectiveness in high-performing education systems.* Washington, DC: Alliance for Excellent Education and Stanford, CA: Stanford Center for Opportunity Policy in Education.

Darling-Hammond, L., & Wei, R. C. (2009). Teacher preparation and teacher learning: A changing policy landscape. In G. Sykes (Ed.), *The handbook of education polity research* (pp.613-636). Washington DC: American Education Research Association.

Dean, S. (in press). *Developing effective communities of practice through National Board Certification.* Stanford, CA: National Board Resource Center and the Stanford Center for Opportunity Policy in Education.

Desimone, L. M., Porter, A. C., Garet, M. S., Yoon, K. S., & Birman, B. F. (2002). Effects of professional development on teachers' instruction: Results from a three-year longitudinal study. *Educational Evaluation and Policy Analysis, 24,* 81-112.

Duffett, A., Farkas, S., Rotherthamn, A. J., & Silva, E. (2008). *Waiting to be won over: Teachers speak on the profession, unions, and reform.* Washington, DC: Education Sector.

Dunne, F., Nave, B., & Lewis, A. (2000). Critical friends: Teachers helping to improve student learning. *Phi Delta Kappa International Research Bulletin (CEDR), 28,* 9-12. Available at http://www.pdkintl.org/edres/resbu128.htm

Dybdahl, C. S., Shaw, D. G., & Edwards, D. (1997). Teacher testing: Reason or rhetoric. *Journal of Research and Development in Education, 30*(4), 248-254.

Education Week. (2001). *Quality counts 2001: A better balance.* Bethesda, MD: Editorial Projects in Education.

Elmore, R. (1996). Getting to scale with good educational practice. *Harvard Educational Review, 66*(1), 1-26.

Fernandez, C. (2002). Learning from Japanese approaches to professional development: The case of lesson study. *Journal of Teacher Education, 53*(5), 393-405.

Fryer, R. G. (2011). *Teacher incentives and student achievement: Evidence from*

New York City public schools (NBER Working Paper no.16850). Cambridge, MA: National Bureau of Economic Research.

Garet, M., Porter, A., Desimone, L., Birman, B., & Yoon, K. S. (2001). What makes professional development effective? Results from a national sample of teachers. *American Educational Research Journal, 38*(4), 915-945.

Goddard, Y. L., Goddard, R. D., & Tschannen-Moran, M. (2007). Theoretical and empirical investigation of teacher collaboration for school improvement and student achievement in public elementary schools. *Teachers College Record, 109*(4), 877-896.

Goldhaber, D., & Anthony, E. (2005). *Can teacher quality be effectively assessed?* Seattle: University of Washington and the Urban Institute.

Goldhaber, D., Brewer D., & Anderson, D. (1999). A three-way error components analysis of educational productivity. *Education Economics, 7*(3), 199-208.

Hanby, D. (2011, October). *Pioneer reflections from Ohio's 2010-11 journey: Pilot year insights from Leg I and Leg II travelers.* Presentation at the Ohio Council of Teacher Educators Conference, Columbus, Ohio.

Haney, W. (2000). The myth of the Texas miracle in education. *Educational Policy Analysis Archives,* (41): http://epaa.au.edu/epaa/v8n41/

Haney, W., Madaus, G., & Kreitzer, A. (1987). Charms talismanic: Testing teachers for the improvement of American education. In E. Z. Rothkopf (Ed.), *Review of research in education* (Vol.14, pp.169-238). Washington, DC: American Educational Research Association.

Hanushek, E. (2011). Lifting student achievement by weeding out harmful teachers. Available at http://www.eduwonk.com/2011/10/lifting-student-achievement-by-weeding-out-harmful-teachers.html

Hargreaves, A. (2008). The coming of post-standardization: Three weddings and a funeral. In C. Sugrue (Ed.), *The future of educational change: International perspectives* (pp.15-33). New York: Routledge.

Harris, D. (2012, October). How do value-added indicators compare to other measures of teacher effectiveness? Available at http://carnegieknowledgenetwork.org/briefs/value-added/value-added-other-measures/

Harris, D., & Anderson, A. (2011, March). Bias of public sector worker performance monitoring: Theory and empirical evidence from middle school teachers. Paper presented at the annual meeting of the Association for Education Finance and Policy, Seattle, WA.

Harris, D., Sass, T. R., & Semykina, A. (2010). Value-added models and the

measurement of teacher productivity. Available at http://www.caldercenter.org/UploadedPDF/1001508-Measurement-of-Teacher-Productivity.pdf

Harvard Graduate School of Education. (n.d.). A user's guide to peer assistance and review. Available at http://www.gse.harvard.edu/~ngt/par/

Haynes, D. D. (1995). One teacher's experience with National Board assessment. *Educational Leadership, 52*(8), 58-60.

Herman, J, L., & Linn, R. L. (2013). *On the road to assessing deeper learning: The status of Smarter Balanced and PARCC assessment consortia* (CRESST Report 823). Los Angeles: University of California, National Center for Research on Evaluation, Standards, and Student Testing (CRESST).

Hoffman, J. V., Assaf, L. C., & Paris, S. G. (2001). High stakes testing in reading: Today in Texas tomorrow? *The Reading Teacher, 54*(5), 482-492.

Hord, S. (1997). *Professional learning communities: Communities of continuous inquiry and improvement.* Austin, TX: Southwest Educational Development Laboratory.

Humphrey, D., Koppich, J., Bland, A., & Bosetti, K. R. (2011). *Peer review: Getting serious about teacher evaluation.* Menlo Park, CA: SRI International and J. Koppich & Associates.

Jackson, C. K. (2012). *Teacher quality at the high school level: The importance of accounting for tracks.* Washington, DC: National Bureau of Economic Research.

Jackson, C. K., & Bruegmann, E. (2009, August). *Teaching students and teaching each other: The importance of peer learning for teachers.* Washington, DC: National Bureau of Economic Research.

Jones, B. D., & Egley R. J. (2004). Voices from the frontlines: Teachers' perceptions of high-stakes testing. *Education Policy Analysis Archives, 12*(39). Available at http://epaa,asu.edu/epaa/v12n39/

Joyce, B., & Calhoun, E. (1996). *Learning experiences in school renewal: An exploration of five successful programs.* Eugene, OR: ERIC Clearinghouse on Educational Management.

Koedel, C., & Betts, J. (2009). *Value-added to what? How a ceiling in the testing instrument influences value-added estimation* (NBER Working Paper 14778, National Bureau of Economic Research). Available at http://www.nber.org/papers/wl4778

Lachlan-Haché, L., Cushing, E., & Bivona, L. (2012a). *Student learning objectives as measures of educator effectiveness: The basics.* Washington, DC: American Institutes of Research.

Lachlan-Haché, L., Cushing, E., & Bivona, L. (2012b). *Student learning objectives: Benefits, challenges, and solutions.* Washington, DC: American Institutes of Research.

Lieberman, A., & Wood, D. (2002). From network learning to classroom teaching. *Journal of Educational Change, 3,* 315-337.

Little, J. W. (2003). Inside teacher community: Representations of classroom practice. *Teacher College Record, 105*(6), 913-945.

Lockwood, J. R., McCaffrey, D. F., Hamilton, L. S., Stetcher, B., Lee, V. N., & Martinez, J. F. (2007). The sensitivity of value-added teacher effect estimates to different mathematics achievement measures. *Journal of Educational Measurement, 44*(1), 47-67.

Long Beach Unified School District. (2003). *Teacher evaluation handbook.* Long Beach, CA: Author.

Louis, K. S., & Marks, H. M. (1998). Des professional learning community affect the classroom? Teachers' work and student experiences in restructuring schools. *American Journal of Education, 106*(4), 532-575.

Louis, K. S., Marks, H. M., & Kruse, S. (1996). Professional community in restructuring schools. *American Educational Research Journal, 33*(4),757-798.

Marshall, R. (2008). *The case for collaborative school reform: The Toled experience.* Washington, DC: Economic Policy Institute.

Martins, P. (2009). *Individual teacher incentives, student achievement and grade inflation* (Discussion Paper No.4051). London: Queen Mary, University of London, CEG-IST and IZA.

Mathews, J. (2008, October 6). Merit pay could ruin teamwork. *Washington Post,* p.B02.

McCaffrey, D. F., Koretz, D., Lockwood, J. R., & Hamilton, L. S. (2005). *Evaluating value-added models for teacher accoutability.* Santa Monica, CA: RAND Corporation.

McLaughlin, M. W., & Talbert, J. E. (2001). *Professional communities and the work of high school teaching.* Chicago: University of Chicago Press.

Merek, E., & Methven, S. (1991). Effects of the learning cycle upon student and classroom teacher performance. *Journal of Research in Science Teaching, 28*(1), 41-53.

MetLife Foundation. (2009). *The MetLife survey of the American teacher: Collaborating for student success.* New York: Author.

Milanowski, A., Kimball, S. M., & White, B. (2004). *The relationship between*

standards-based teacher evaluation scores and student achievement. Madison: University of Wisconsin-Madison, Consortium for Policy Research in Education.

Miles. K. H., & Darling-Hammond, L. (1998, Spring). Rethinking the allocation of teaching resources: Some lessons from high-performing schools. *Educational Evaluation and Policy Analysis, 20.*

Mindich, D., & Lieberman, A. (2012). *Building a learning community: A tale of two schools.* Stanford, CA: Stanford Center for Opportunity Policy and Education.

National Association of State Boards of Education (NASBE) Study Croup on Teacher Preparation, Retention, Evaluation, and Compensation. (2011). *Gearing up: Creating a systemic approach to teacher effectiveness.* Arlington, VA: Author.

National Board for Professional Teaching Standards (NBPTS). (2001). *The impact of National Board Certification on teachers: A survey of National Board certified teachers and assessors,* Arlington, VA: Author.

National Commission on Teaching and America's Future. (1996). *What matters most: Teaching for America's future.* New York: Author.

National Education Association. (2012). *Transforming teaching: Connecting professional responsibility with student learning.* Washington, DC: Author.

National Research Council. (2010). *Getting value out of value-added: Report of a workshop.* Washington, DC: Author.

National Research Council, Board on Testing and Assessment. (2009). *Letter report to the U.S. Department of Education.* Washington, DC: Author.

New Mexico Public Education Department. (2005). *New Mexico's 3-tiered licensure performance evaluation handbook.* Available at http://teachnm.org/uploads/docs/performance_eval_handbook.pdf

Newman, F., & Wehlage, G. (1997). *Successful school restructuring: A report to the public and educators by the Center on Organization and Restructuring of Schools.* Madison, WI: Document Service, Wisconsin Center for Education Research.

Newton, S. P. (2010). *Predictive validity of the performance assessment for California teachers.* Stanford, CA: Stanford Center for Opportunity Policy in Education. Available at http://scaie.stanford.edu/

Newton, X., Darling-Hammond, L., Haertel, E., & Thomas, E. (2010). Value-added modeling of teacher effectiveness: An exploration of stability across models and contexts. *Educational Policy Analysis Archives, 18*(23). Available at http://epaa.asu.edu/ojs/article/view/810

Oakes, J. (2004). Investigating the claims in *Williams v. State of California*: An unconstitutional denial of education's basic tools? *Teachers College Record, 106*(10), 1889-1906.

Odden, A., Kelley, C., Heneman, H., & Milanowski, A. (2001, November). *Enhancing teacher quality throgh knowledge- and skills-based pay* (CPRE Policy Briefs, R-34). Philadelphia: Consortium for Policy Research in Education, University of Pennsylvania.

Organisation for Economic Co-operation and Development. (2007), Programme for International Student Assessment 2006: Science competencies for tomorrow's world. Paris: Author. Available at http://nces.ed.gov/surveys/pisa/index.asp

Packard, R., & Dereshiwsky, M. (1991). *Final quantitative assessment of the Arizona career ladder pilot-test project.* Flagstaff: Northern Arizona University.

Pallas, A. (2012, May 15). The worst eighth-grade math teacher in New York City. Available at http://eyeoned.org/content/the-worst-eighth-grade-math-teacher-in-new-york-city_326/

Pecheone, R. L., & Chung, R. R. (2006). Evidence in teacher education: The Performance Assessment for California Teachers (PACT). *Journal of Teacher Education, 57*(1), 22-36.

Pecheone, R. L., & Stansbury, K. (1996). Connecting teacher assessment and school reform. *Elementary School Journal, 97,* 163-177.

Penuel, W., Fishman, B., Yamaguchi, R., & Gallagher, L. (2007, December). What makes professional development effective? Strategies that foster curriculum implementation. *American Educational Research Journal, 44*(4), 921-958.

Professional Development Partnership. (2008). A common language for professional learning communities. Available at http://www.nj.gov/education/profdev/pd/teacher/common.pdf

Radoslovich, J., & Roberts, S. (2013). *Practitioner action research as a measure of teacher effectiveness.* South Valley Academy, New Mexico.

Rhode Island Department of Education (RIDE). (2013, January). Misconceptions & facts about student learning objectives. Available at http://www.ride.ri.gov/EducatorQuality/EducatorEvaluation/Docs/Misconceptions_and_Facts_about SLOs.pdf

Rivkin, S. G., Hanushek, E. A., & Kain, J. F. (2000). *Teachers, schools, and academic achievement* [rev. ed.] (Working Paper No.6691). Cambridge, MA: National Bureau of Economic Research.

Rochester City School District. (2012). Teacher evaluation guide, 2012-13.

Available at http://www.nctq.org/docs/Rochester_Teacher_Evaluation_Guide_AUGUST_2012.pdf

Rothstein, J. (2010). Teacher quality in educational production: Tracking, decay, and student achievement. *Quarterly Journal of Economics, 125*(1), 175-214.

Rothstein, J. (2011). *Review of "Learning about teaching: Initial findings from the Measures of Effective Teaching Project"*. Boulder, CO: National Education Policy Center.

Rubin, D. B., Stuart, E. A., & Zanutto, E. L. (2004). A potential outcomes view of value-added assessment in education. *Journal of Educational and Behavioral Statistics, 29*(1),103-116.

Sahlberg, P. (2012). *Finnish lessons.* New York: Teachers College Press.

Sarason, S. B. (1982). *The culture of the school and the problem of change.* Boston: Allyn & Bacon. (Originally published 1971)

Sass, T. (2008). *The stability of value-added measures of teacher quality and implications for teacher compensation policy.* Washington DC: Calder.

Sato, M., Wei, R. C., & Darling-Hammond, L. (2008). Improving teachers' assessment practices through professional development: The case of National Board Certification. *American Educational Research Journal, 45,* 669-700.

Saxe, G., Gearhart, M., & Nasir, N. S. (2001). Enhancing students' understanding of Mathematics: A study of three contrasting approaches to professional support. *Journal of Mathematics Teacher Education, 4,* 55-79.

Sentell, W. (2012, October 16). Teachers: Educators at top schools fear new reviews will cost their jobs. *The Baton Rouge Advocate.* Available at http://theadvocate.com/home/4161514-125/teachers-reviews-threaten-their-jobs

Skinner, K. J. (2010). *Reinventing evaluation: Connecting professional practice with student learning.* Boston: Massachusetts Teachers Association.

Smith, T., Gordon, B., Colby, S., & Wang, J. (2005). *An examination of the relationship of the depth of student learning and National Board Certification status.* Boone, NC: Office for Research on Teaching, Appalachian State University.

Solomon, L., White, J. T., Cohen, D., & Woo, D. (2007). *The effectiveness of the Teacher Advancement Program.* Santa Monica, CA: National Institute for Excellence in Teaching,

Southeast Center for Teaching Quality. (2003, December 3-5). Teacher leaders Network conversation: No Child Left Behind. Available at http://www.teacherleaders.org/old_site/Conversations/NCLB_chat_full.pdf

Springer, M. G., Ballou, D., Hamilton, L., Lee, V., Lockwood, J. R., McCaffrey, D. F., Pepper, M., & Stecher, B. M. (2010). *Teacher pay for performance: Experimental evidence from the Project on Incentives in Teaching.* Nashville, TN: National Center on Performance Incentives, Vanderbilt University.

Strahan, D. (2003). Promoting a collaborative professional culture in three elementary schools that have been the odds. *The Elementary School Journal, 104*(2), 127-133.

Strauss, V. (2010, July 23). The problem with how Rhee fired teachers. Available at http://voices.washingtonpost.com/answer-sheet/dc-schools/the-problem-with-how-rhee-fire.html

Strunk, K. O., Weinstein, T., Makkonen, R., & Furedi, D. (2012). Lessons learned. *Phi Della Kappan, 94*(3), 47-51.

Supovitz, J. (2012). *The linking study-First year results: A report of the first year effects of an experimental study of the impact of feedback to teachers on teaching and learning.* Philadelphia: Graduate School of Education, University of Pennsylvania, Consortium for Policy Research in Education.

Supovitz, J. A., & Christman, J. B. (2003, November). *Developing communities of instructional practice: Lessons from Cincinnati and Philadelphia* (CPRE Policy Briefs RB-39). Philadelphia: University of Pennsylvania, Graduate School of Education.

Supovitz, J. A., Mayer, D. P., & Kahle, J. B. (2000). Promoting inquiry based instructional practice: The longitudinal impact of professional development in the context of systemic reform. *Educational Policy, 14*(3), 331-356.

Supovitz, J. A., & Turner, H. M. (2000). The effects of professional development on science teaching practices and classroom culture. *Journal of Research in Science Teaching, 37*(9), 963-980.

Tan, O. (2012). Singapore's holistic approach to teacher development. *Phi Delta Kappan, 94*(3), 76-77.

Toch, T., & Rothman, R. (2008). *Rush to judgement: Teacher evaluation in public education.* Washington, DC: Education Sector.

Tracz, S. M., Sienty, S., & Mata, S. (1994, February). The self-reflection of teachers compiling portfolios for National Certification: Work in progress. Paper presented at the annual meeting of the American Association of Colleges for Teacher Education, Chicago.

Tracz, S. M., Sienty, S., Todorov, K., Snyder, J., Takashima, B., Pensabene, R., Olsen, B., Pauls, L., & Sork, J. (1995, April). Improvement in teaching skills:

Perspectives from National Board for Professional Teaching Standards field test network candidates. Paper presented at the annual meeting of the American Educational Research Association, San Francisco.

Tripp, D. (2004). Teachers' networks: A new approach to the professional development of teachers in Singapore. In C. Day & J. Sachsm (Eds.), *International handbook on the continuing professional development of teachers* (pp.191-214). Maidenhead, UK: Open University Press.

Turque, B. (2009, October 1). D.C. launches rigorous teacher evaluation system. Available at http://www.washingtonpost.com/wp-dyn/content/article/2009/09/30/AR2009093004729.html

Valdés, G., Bunch, G., Snow, C., Lee, C., & Matos, L. (2006). Enhancing the development of student' language(s). In L. Darling-Hammond & J. Bransford (Eds.), *Preparing teachers for a changing world: What teachers should learn and be able to do* (pp.126-127). San Francisco: Jossey Bass.

Vandevoort, L. G., Amrein-Beardsley, A., & Berliner, D. C. (2004). National Board Certified teachers and their students' achievement. *Education Policy Analysis Archives, 12*(46), 117.

Watanabe, T. (2012. October 28). Measuring the worth of a teacher? L. A. Unified School District's Academic Growth Over Time measurement system, based on students' progress on standardized tests, spurs debate over fairness, accuracy. Available at http://articles.latimes.com/2012/oct/28/local/la-me-teacher-evals-20121029

Webb, N. L, Alt, M., Ely, R., & Vesperman, B. (2005). Web alignment tool (WAT): Training manual 1.1. Available at http://www.wcer.wisc.edu/WAT/Training%20Manual%202.1%20Draft%20091205.doc

Wei, R. C., Darling-Hammond, L., & Adamson, F. (2010). *Professional learning in the United States: Trends and challenges.* Dallas, TX: National Staff Development Council and Stanford, CA: Stanford Center for Opportunity Policy and Education.

Wei, R. C., Darling-Hammond, L., Andree, A., Richardson, N., & Orphanos, S. (2009). *Professional learning in the learning profession: A status report on teacher development in the United States and abroad.* Dallas, TX: National Staff Development Council and Stanford, CA: Stanford Center for Opportunity Policy and Education.

Weiss, I. R., & Pasley, J. D. (2006). *Scaling up instructional improvement through teacher professional development: Insights from the local systemic change*

initiative. Philadelphia: Consortium for Policy Research in Education (CPRE) Policy Briefs.

Wilson, M., & Hallum, P. J. (2006). *Using student achievement test scores as evidence of external validity for indicators of teacher quality: Connecticut's Beginning Educator Support and Training program.* Berkeley: University of California at Berkeley.

Wilson, M., Hallum, P. J., Pecheone, R., & Moss, P. (2012). Using student achievement test scores as evidence of external validity for indicators of teacher quality: Connecticut's Beginning Educator Support and Training Program. Berkeley, CA: Berkeley Educational Assessment and Research Center.

Wilson, S. M., Floden, R., & Ferrini-Mundy, J. (2001). *Teacher preparation research: Current knowledge, gaps, and recommendations.* Seattle: Center for the Study of Teaching and Policy, University of Washington.

Winerip, M. (2011, November 6). In Tennessee, following the rules for evaluations off a cliff. Available at http://www.nytimcs.com/2011/11/07/education/tennessees-rules-on-teacher-evaluations-bring-frustraation.html?_r=2&scp=l&sq=michael%20winerip%20tennessee&st=cse

Wise, A. E., & Darling-Hammond, L. (1984/1985). Teacher evaluation and teacher professionalism. *Educational Leadership, 42*(4). 28-33.

Wise, A. E., Darling-Hammond, L., McLaughlin, M. W., & Bernstein, H. T. (1984). *Teacher evaluation: A study of effective practices.* Santa Monica, CA: RAND Corporation.

Yoon, K. S., Duncan, T., Lee, S. W.-Y., Scarloss, B., & Shapley, K. (2007). Reviewing the evidence on how teacher professional development affects student achievement (Issues & Answers Report, REL 2007-No.033). Available at http://ies.ed.gov/ncee/edlabs/regions/southwest/pdf/REL_2007033.pdf

Yuan, K., & Le, V. (2012). *Estimating the percentage of students who were tested on cognitively demanding items through the state achievement tests* (WR-967-WFHF). Santa Monica, CA: RAND Corporation.

注

第1章

［1］Acomplished California Teacher's (2010), p.2.
［2］Wise, Darling-Hammond, McLaughlin, & Bernstein (1984).
［3］Accomplished California Teachers (2010), pp.6-7.
［4］Duffet, Farkas, Rothertham, & Silva (2008).
［5］Accomplished California Teachers (2010), p.xx.
［6］Accomplished California Teachers (2010), p.14.
［7］Hanushek (2011).
［8］教育へのフィンランドのアプローチについての議論は、Darling-Hammond (2010) とSahlberg (2012) 参照。
［9］Buchberger & Buchberger (2004), p.10.
［10］Buchberger & Buchberger (2004), p.6.
［11］From Darling-Hommond (2010). Sahlberg (2012) も参照。
［12］研究のまとめは、以下を参照。Darling-Hammond & Bransford (2005); Darling-Hammond (2000); Wilson, Floden, & Ferrini-Mundy (2001).
［13］*Wiliiams v. California*; Oakes (2004).
［14］Darling-Hammond (2002).
［15］Oakes (2004).
［16］National Association of State Boards of Education (NASBE) Study Group on Teacher Preparation, Retention, Evaluation, and Compensation (2011).

第2章

［1］Yuan & Le (2012).
［2］ランド研究所は、「ウェッブの知識の深さ」分類法のレベル4を、より深い学習スキルの分析枠組みとして使用した。この分類法の説明は、Webb, Alt, Ely, & Vesperman (2005) 参照。
［3］Herman & Linn (2013).
［4］Wei, Darling-Hammond, Andree, Richardson, & Orphanos (2009), p.21より引用。Fernandez (2002) も参照。
［5］Baratz-Snowden (1990), p.19.
［6］Accomplished California Teachers (2010), p.12.
［7］Notional Board for Professional Teaching Standards (NBPTS) (2001).

[8] Haynes (1995), p.60.
[9] Toch & Rothman (2008) に引用。

第3章

[1] Darling-Hammond & Wei (2009); Pecheone & Chung (2006).
[2] Ayers (1988); Dybdahl, Shaw, & Edwards (1997); Haney, Madaus, & Kreitzer (1987); Wilson, Hallam, Pecheone, & Moss (2012).
[3] たとえば、Bond, Smith, Baker, & Hattie (2000); Cavaluzzo (2004); Goldhaber & Anthony (2005); Smith. Gordon, Colby, & Wang (2005); Vandevoort, Amrein-Beardsley, & Berliner (2004) 参照。
[4] Wilson & Hallum (2006).
[5] Newton (2010); Darling-Hammond, Newton, & Wei (2012).
[6] National Education Association (2012).
[7] American Federation of Teachers (2012).
[8] より詳しくは、以下を参照。http://tpafieldtest.nesinc.com/ [訳注：リンク切れ]
[9] Amee Adkins, Voices from the Field. 検索元：http://edtpa.aacte.org/voices-from-the-fie1d
[10] Hanby(2011).
[11] Marcy Singer Gabella, Voices-from the Field. 検索元：http://edtpa.aacte.org/voices-from-the-fleld
[12] Renner (2012).
[13] Pecheone & Stansbury (1996).
[14] Athanases (1994).
[15] Sato, Wei, & Darling-Hammond (2008); Tracz, Sienty, & Mata (1994); Tracz et al. (1995).
[16] この過程は、以下の映画に記録されている。*The Mitchell 20*, Randy Murray Productions. http://www.mitchell20.com/
[17] Berry (2009).
[18] Dean (forthcoming).
[19] http://teachnm.org/experienced-teachers/professiona1-deve1opment-dossier.html 参照 [訳注：リンク切れ]。
[20] New Mexico Public Education Department (2005).
[21] この説明は Radoslovich & Roberts (2013) による。

第4章

［1］ Accomplished California Teachers (2010), p.19.

［2］ Skinner (2010).

［3］ Milanowski, Kimball & White (2004).

［4］ The San Mateo Union High School District teacher evaluation handbook can be found at http://smuhsd.ca.schoolloop.com/file/1224132524944/1257605326962/7291446584551382814.pdf［訳注：リンク切れ］

［5］ Milanowski et al. (2004).

［6］ Jackson & Bruegmann (2009).

［7］ Goddard & Goddard (2007).

［8］ MetLife Foundation (2009).

［9］ Darling-Hammond & Rothman (2011).

［10］ Odden, Kelley, Heneman, & Milanowski (2001).

［11］ Odden et al. (2001).

［12］ Black & Wiliam (1998).

［13］ たとえば、Darling-Hammond & Bransford (2005) 参照。

［14］ Valdés, Bunch, Snow, Lee, & Matos (2006).

［15］ Rochester City School District (2012).

［16］ Packard & Dereshiwsky (1991).

第5章

［1］ Amrein-Beardsley (2012).

［2］ この説明は、Aaron Pallas (2012) による分析からの引用。

［3］ Pallas (2012).

［4］ たとえば Sentell (2012); Watanabe (2012) 参照。

［5］ National Research Council (2010).

［6］ Harris (2012), p.4.

［7］ Harris & Anderson (2011). Jackson (2012); Newton, Darling-Hammond, Haertel, & Thomas (2010) も参照。

［8］ Koedel & Betts (2009).

［9］ Amrein-Beardsley & Collins (2012); Sentell (2012).

［10］ Sentell (2012).

［11］ Harris (2012).

［12］ レビューは、以下を参照。Braun (2005); McCaffrey, Lockwood, Koretz, & Hamilton (2005).

［13］ Braun (2005), p.10.

[14] Rivkin, Hanushek, & Kain (2000).
[15] たとえば Goldhaber, Brewer, & Anderson (1999) 参照。
[16] Alexander, Entwisle, & Olson (2007).
[17] Rubin, Stuart, & Zanutto (2004), p.113.
[18] Braun (2005), p.17.
[19] McCaffrey, Koretz, Lockwood, & Hamilton (2005).
[20] Sass (2008); 同様の知見については、以下を参照。Newton, Darling-Hammond, Haertel, & Thomas (2010).
[21] 図は J. Rothstein より。Sass (2008) のデータにもとづく。
[22] National Research Council, Board on Testing and Assessment (2009).
[23] Newton et al. (2010).
[24] Harris & Anderson (2011); Jackson (2012); Newton et al. (2010).
[25] Amrein-Beardsley & Collins (2012).
[26] Amrein-Beardsley & Collins (2012), p.16.
[27] Amrein-Beardsley & Collins (2012), p.16.
[28] Briggs & Domingue (2011); Rothstein (2010).
[29] Lockwood et al. (2007).
[30] Bill & Melinda Gates Foundation (2010); Rothstein (2011).
[31] Lockwood et al. (2007).
[32] Corcoran, Jennings, & Beveridge (2011).
[33] Education Week (2001); Hoffman, Assaf, & Paris (2001); Jones & Egley (2004).
[34] Southeast Center for Teaching Quality (2003), p.15.
[35] (Honey, 2000, part 6, p.10).
[36] これら懸念の要約については、Baker et al. (2010) 参照。
[37] Baker et al. (2010), p.8.
[38] http://www.newyorkprincipals.org/appr-paper 参照［訳注：リンク切れ］。
[39] Fryer (2011); Springer et al. (2010).
[40] Martins (2009).
[41] Mathews (2008).
[42] デンバーの「プロコンプ」システムについての詳細は、http://denverprocomp.org 参照［訳注：リンク切れ］。
[43] Long Beach Unified School District (2003).
[44] Berry & Daughtrey, with Moore, Orphal, & Ratzel (2012).
[45] Lachlan-Haché, Cushing, & Bivona (2012b), p.6.
[46] Lachlan-Haché, Cushing, & Bivona (2012b), p.2.

[47] Rhode Island Department of Education (RIDE) (2013).
[48] http://www.ride.ri.gov/EducatorQuality/EducatorEvaluation/SLO.aspx 参照［訳注：リンク切れ］。

第6章

[1] Wei, Darling-Hammond, Andree, Richardson, & Orphanos (2009).
[2] Accomplished California Teachers (2010), p.7.
[3] Wei, Darling-Hammond, Andree, Richardson, & Orphanos (2009).
[4] Yoon, Duncan, Lee, Scarloss, & Shapley (2007).
[5] Darling-Hammond & Richardson (2009).
[6] Darling-Hammond e1 al. (2009).
[7] Darling-Hammond et al. (2009).
[8] Wei, Darling-Hammond, & Adamson (2010).
[9] この箇所は、Darling-Hammond et al. (2009) を参考にしている。
[10] Cohen & Hill (2001); Desimone, Porter, Garet, Yoon, & Birman (2002); Caret, Porter, Desimone, Birman, & Yoon (2001); Supovitz, Mayer, & Kahle (2000); Weiss & Pasley (2006).
[11] Corcoran, McVay, & Riordan (2003); Supovitz & Turner (2000); Banilower (2002).
[12] Garet et al. (2001).
[13] Wei et al. (2010).
[14] Cohen & Hill (2001); Garet et al. (2001); Desimone et al. (2002); Penuel, Fishman, Yamaguchi, & Gallagher (2007); Saxe, Gearhart, & Nasir (2001); Supovitz et al. (2000).
[15] Garet et al. (2001),
[16] Blank, de las Alas, & Smith (2007); Cohen & Hill (2001); Lieberman & Wood (2002); Merek & Methven (1991); Saxe et al. (2001).
[17] Merek & Methven (1991).
[18] Ball & Cohen (1999); Dunne, Nave, & Lewis (2000); Little (2003).
[19] Strahan (2003).
[20] Cohen & Hill (2001); Garet et al. (2001); Penuel et al. (2007); Supovitz et al. (2000).
[21] Supovitz et al. (2000).
[22] Hord (1997); Joyce & Calhoun (1996); Louis, Marks, & Kruse (1996); McLaughlin & Talbert (2001); Newman & Wehlage (1997).
[23] Dunne et al. (2000).

[24] Bryk, Camburn, & Louis (1999); Calkins, Guenther, Belfiore, & Lash (2007); Goddard, Goddard, & Tschannen-Moran (2007); Louis & Marks (1998); Supovitz & Christman (2003).
[25] Newman & Wehlage (1997).
[26] Mindich & Lieberman (2012).
[27] Professional Development Partnership (2008).
[28] Elmore (1996).
[29] Solomon, White, Cohen & Woo (2007).
[30] Agam, Reifsneider, & Diana Wardell (2006).
[31] TAPの教師の責任のルーブリックは、以下を含む現在使用されているいくつかの教師の説明責任システムにもとづいてデザインされた。Rochester (New York) Career in Teaching Program, Douglas County (Colorado) *Teacher's Performance Pay Plan,* Vaughn Next Century Charter School (Los Angeles, CA) Performance Pay Plan, および Rolla (Missouri) School District Professional Based Teacher Evaluation.
[32] Culbertson (2012), p.16.
[33] Solomon, White, Cohen, & Woo (2007).
[34] Darling-Hammond (2010).
[35] Organisation for Economic Co-operation and Development (2007).
[36] Organjsation for Economic Co-operation and Development (2007).
[37] Wei et al. (2010).
[38] Darling-Hammond (1999); Miles & Darling-Hammond (1998).
[39] Miles & Darling-Hammond (1998).
[40] Sarason (1982).
[41] Darling-Hammond et al. (2009).
[42] The Nation's Report Card. 検索元：http://nces.ed.gov/nationsreportcard/states/
[43] Darling-Hammond (2010).
[44] Tan (2012).
[45] Tan (2012).
[46] Tripp (2004).
[47] Hargreaves (2008).

第7章

[1] Darling-Hammond, Meyerson, LaPointe, & Orr (2009).
[2] Daley & Kim (2010).

[3] TAP ウェブサイト：http://www.tapsystem.org/action/action.taf?page=saying
[4] Darling-Hammond, Meyerson et al. (2009), p.xxx.
[5] California State University Institute for Education Reform (2000); Humphrey, Koppich, Bland, & Bosetti (2011); National Commission on Teaching and America's Future (1996).
[6] Humphrey et al. (2011).
[7] Harvard Graduate School of Education (n.d.).
[8] Humphrey et al. (2011).
[9] Marshall (2008).
[10] Harvard Graduate School of Education (n.d.).
[11] Humphrey et al. (2011).
[12] California State University Institute for Education Reform (2000).
[13] Accomplished California Teachers (2010).
[14] Humphrey et al. (2011), p.31.
[15] Center for Teaching Quality, as cited in ACT (2012), p.31.
[16] Winerip (2011).
[17] Winerip (2011).
[18] Anderson (2012).
[19] Strunk, Weinstein, Makkonen, & Furedi (2012), p.49.
[20] Strunk et al. (2012), p.49.
[21] Wise & Darling-Hammond (1984/1985).
[22] Anderson (2012).
[23] Anderson (2012).
[24] Turque (2009); Strauss (2010).
[25] Accomplished California Teachers (2010), p.2.

第8章

[1] Toch & Rothman (2008), p.13.
[2] Supovitz (2012).
[3] Accomplished California Teachers (2012), p.20.
[4] Accomplished California Teachers (2012), p.20.

付　録

生徒の学びの証拠テンプレート
―― ニューメキシコ州アルバカーキ ――

生徒X

Ⅰ．導入

年齢：

学年レベル：

科目または分野領域：

クラスの生徒数：

示される概念や理解、例示されたスキルの名前：

クラスの他の生徒と比較した生徒自身の課題レベル状況：

Ⅱ．生徒Xの学びの説明

A. この生徒を選んだ理由（生徒についてと、生徒の学びについての詳細）

B. 提示する課題

C. 生徒の開始地点について言えること

D. 生徒の学びを支援するためにとったステップ（自分自身の学びについて生徒が理解していることを含む）

E. 生徒の進歩について、どのように生徒自身と保護者に伝えたか

III．経時的な生徒Xの課題例（3～5例、それぞれ日付と簡潔な説明付記）。それらの例は生徒の進歩と学びについて、先に特定した概念とスキルと関連してどのような証拠を示しているか？

IV．生徒の学びを支援するために用いられたリソース（生徒の学びを支援するために用いたリソース／活動／教育方略に関する成果物と記述）

V．この生徒の次の段階（生徒の学びを最も効果的に支援する次の事柄に関する分析）

生徒Y

I．導入

年齢：

学年レベル：

科目または分野領域：

クラスの生徒数：

示される概念や理解、例示されたスキルの名前：

クラスの他の生徒と比較した生徒自身の課題レベル状況：

II．生徒Yの学びの説明

A．この生徒を選んだ理由（生徒についてと、生徒の学びについての詳細）

B．提示する課題

C．生徒の開始地点について言えること

D. 生徒の学びを支援するためにとったステップ
（自分自身の学びについて生徒が理解していることを含む）

E. 生徒の進歩について、どのように生徒自身と保護者に伝えたか

III. 経時的な生徒Yの課題例（3～5例、それぞれ日付と簡潔な説明付記）。それらの例は生徒の進歩と学びについて、先に特定した概念とスキルと関連してどのような証拠を示しているか？

IV. 生徒の学びを支援するために用いられるリソース（生徒の学びを支援するために用いたリソース／活動／教育方略に関する成果物と記述）

V. この生徒の次の段階（生徒の学びを最も効果的に支援する次の事柄に関する分析）

結論

VI. 生徒の学びの分析から自分の実践について学んだこと

訳者紹介

無藤隆（むとう　たかし）

東京大学大学院教育学研究科博士課程中退。現在、白梅学園大学名誉教授、客員教授。主要著訳書に、『現場と学問のふれあうところ ── 教育実践の現場から立ち上がる心理学』（新曜社）、『幼児教育の原則 ── 保育内容を徹底的に考える』（ミネルヴァ書房）、『子どもの養育に心理学がいえること ── 発達と家族環境』（共訳・新曜社）ほかがある。

松井愛奈（まつい　まな）

お茶の水女子大学大学院人間文化研究科人間発達科学専攻博士後期課程修了、博士（人文科学）。現在、甲南女子大学人間科学部総合子ども学科教授。主要著訳書に、『世界の保育の質評価 ── 制度に学び、対話をひらく』（分担執筆・明石書店）、『進化発達心理学 ── ヒトの本性の起源』（共訳・新曜社）、『子ども学がひらく子どもの未来 ── 子どもを学び、子どもに学び、子どもと学ぶ』（分担執筆・北大路書房）ほかがある。

野澤祥子（のざわ　さちこ）

東京大学大学院教育学研究科総合教育科学専攻博士後期課程修了、博士（教育学）。現在、東京大学大学院教育学研究科附属発達保育実践政策学センター准教授。主要著訳書に、『「保育の質」を超えて ──「評価」のオルタナティブを探る』（共訳・ミネルヴァ書房）、『保育の質を高めるドキュメンテーション ── 園の物語りの探究』（分担執筆・中央法規出版）、『乳幼児の発達と保育 ── 食べる・眠る・遊ぶ・繋がる』（分担執筆・朝倉書店）ほかがある。

新曜社
教師に正しい評価を
有効性と改善のためにほんとうに必要なこと

初版第1刷発行　2024年4月10日

著　者　リンダ・ダーリング－ハモンド
監訳者　無藤　隆
訳　者　松井愛奈・野澤祥子
発行者　塩浦　暲
発行所　株式会社　新曜社
〒101-0051　東京都千代田区神田神保町3-9
電話(03)3264-4973(代)・FAX(03)3239-2958
e-mail：info@shin-yo-sha.co.jp
URL：https://www.shin-yo-sha.co.jp/

組版所　Katzen House
印　刷　星野精版印刷
製　本　積信堂

ISBN978-4-7885-1843-8 C1037